Henri Bergson

Essai sur les données immédiates de la conscience

UltraLetters Publishing

Titre: Essai sur les données immédiates de la conscience

Auteur: Henri Bergson

Première publication : 1889

Ce texte est celui de la 6ème édition de 1908

ISBN: 978-2-930718-34-7

© 2013 UltraLetters.

www.UltraLetters.com

UltraLetters Publishing, Brussels.
contact@UltraLetters.com

Table des matières

AVANT-PROPOS — 5

CHAPITRE PREMIER. DE L'INTENSITÉ DES ÉTATS PSYCHOLOGIQUES — 7

CHAPITRE II. DE LA MULTIPLICITÉ DES ÉTATS DE CONSCIENCE L'IDÉE DE DURÉE — 43

CHAPITRE III. DE L'ORGANISATION DES ÉTATS DE CONSCIENCE. LA LIBERTÉ — 75

CONCLUSION — 116

À Monsieur

Jules LACHELIER

MEMBRE DE L'INSTITUT

INSPECTEUR GÉNÉRAL DE L'INSTRUCTION PUBLIQUE

Hommage respectueux.

AVANT-PROPOS

Nous nous exprimons nécessairement par des mots, et nous pensons le plus souvent dans l'espace. En d'autres termes, le langage exige que nous établissions entre nos idées les mêmes distinctions nettes et précises, la même discontinuité qu'entre les objets matériels. Cette assimilation est utile dans la vie pratique, et nécessaire dans la plupart des sciences. Mais on pourrait se demander si les difficultés insurmontables que certains problèmes philosophiques soulèvent ne viendraient pas de ce qu'on s'obstine à juxtaposer dans l'espace les phénomènes qui n'occupent point d'espace, et si, en faisant abstraction des grossières images autour desquelles le combat se livre, on n'y mettrait pas parfois un terme. Quand une traduction illégitime de l'inétendu en étendu, de la qualité en quantité, a installé la contradiction au cœur même de la question posée, est-il étonnant que la contradiction se retrouve dans les solutions qu'on en donne ?

Nous avons choisi, parmi les problèmes, celui qui est commun à la métaphysique et à la psychologie, le problème de la liberté. Nous essayons d'établir que toute discussion entre les déterministes et leurs adversaires implique une confusion préalable de la durée avec l'étendue, de la succession avec la simultanéité, de la qualité avec la quantité : une fois cette confusion dissipée, on verrait peut-être s'évanouir les objections élevées contre la liberté, les définitions qu'on en donne, et, en un certain sens, le problème de la liberté lui-même. Cette démonstration fait l'objet de la troisième partie de notre travail : les deux premiers chapitres, où l'on étudie les notions d'intensité et de durée, ont été écrits pour servir d'introduction au troisième.

H. B.

Février 1888.

Henri Bergson en 1927.

Chapitre Premier.
De l'intensité des états psychologiques

On admet d'ordinaire que les états de conscience, sensations, sentiments, passions, efforts, sont susceptibles de croître et de diminuer ; quelques-uns assurent même qu'une sensation peut être dite deux, trois, quatre fois plus intense qu'une autre sensation de même nature. Nous examinerons plus loin cette dernière thèse, qui est celle des psychophysiciens ; mais les adversaires mêmes de la psychophysique ne voient aucun inconvénient à parler d'une sensation plus intense qu'une autre sensation, d'un effort plus grand qu'un autre effort, et à établir ainsi des différences de quantité entre des états purement internes. Le sens commun se prononce d'ailleurs sans la moindre hésitation sur ce point ; on dit qu'on a plus ou moins chaud, qu'on est plus ou moins triste, et cette distinction du plus et du moins, même quand on la prolonge dans la région des faits subjectifs et des choses inétendues, ne surprend personne. Il y a là cependant un point fort obscur, et un problème beaucoup plus grave qu'on ne se l'imagine généralement.

Quand on avance qu'un nombre est plus grand qu'un autre nombre ou un corps qu'un autre corps, on sait fort bien, en effet, de quoi l'on parle. Car, dans les deux cas, il est question d'espaces inégaux, ainsi que nous le montrerons en détail un peu plus loin, et l'on appelle plus grand espace celui qui contient l'autre. Mais comment une sensation plus intense contiendra-t-elle une sensation de moindre intensité ? Dira-t-on que la première implique la seconde, qu'on atteint la sensation d'intensité supérieure à la condition seulement d'avoir passé d'abord par les intensités inférieures de la même sensation, et qu'il y a bien encore ici, dans un certain sens, rapport de contenant à contenu ? Cette conception de la grandeur intensive paraît être celle du sens commun, mais on ne saurait l'ériger en explication philosophique sans commettre un véritable cercle vicieux. Car il est incontestable qu'un nombre en surpasse un autre quand il figure après lui dans la série naturelle des nombres : mais si l'on a pu disposer les nombres en ordre croissant, c'est justement parce qu'il existe entre eux des rapports de contenant à contenu, et qu'on se sent capable d'expliquer avec précision en quel sens l'un est plus grand que l'autre. La question est alors de savoir comment nous réussissons à former une série de ce genre avec des intensités, qui ne sont pas choses superposables, et à quel signe nous reconnaissons que les termes de cette série croissent, par exemple, au lieu de diminuer : ce qui revient toujours à se demander pourquoi une intensité est assimilable à une grandeur.

C'est esquiver la difficulté que de distinguer, comme on le fait d'habitude, deux espèces de quantité, la première extensive et mesurable, la seconde intensive, qui ne comporte pas la mesure, mais dont on peut dire néanmoins qu'elle est plus grande ou plus petite qu'une autre intensité. Car on reconnaît par là qu'il y a quelque chose de commun à ces deux formes de la grandeur, puisqu'on les appelle grandeurs l'une et l'autre, et qu'on les déclare également susceptibles de croître et de diminuer. Mais que peut-il y avoir de commun, au point de vue de la grandeur, entre l'extensif et l'intensif, entre l'étendu et l'inétendu ? Si, dans le premier cas, on appelle plus grande quantité celle qui contient l'autre, pourquoi parler encore de quantité et de grandeur alors qu'il n'y a plus de contenant ni de contenu ? Si une quantité peut croître et diminuer, si l'on y aperçoit pour ainsi dire le *moins* au sein du *plus*, n'est-elle pas par là même divisible, par là même étendue ? et n'y a-t-il point alors contradiction à parler de quantité inextensive ? Pourtant le sens commun est d'accord avec les philosophes pour ériger en grandeur une intensité pure, tout comme une étendue. Et non seulement nous employons le même mot, mais soit que nous pensions à une intensité plus grande, soit qu'il s'agisse d'une plus grande étendue, nous éprouvons une impression analogue dans les deux cas ; les termes « plus grand », « plus petit », évoquent bien dans les deux cas la même idée. Que si maintenant nous nous demandons en quoi cette idée consiste, c'est l'image d'un contenant et d'un contenu que la conscience nous offre encore. Nous nous représentons une plus grande intensité d'effort, par exemple, comme une plus grande longueur de fil enroulé, comme un ressort, qui en se détendant, occupera un plus grand espace. Dans l'idée d'intensité, et même dans le mot qui la traduit, on trouvera l'image d'une contraction présente et par conséquent d'une dilatation future, l'image d'une étendue virtuelle et, si l'on pouvait parler ainsi, d'un espace comprimé. Il faut donc croire que nous traduisons l'intensif en extensif, et que la comparaison de deux intensités se fait ou tout au moins s'exprime par l'intuition confuse d'un rapport entre deux étendues. Mais c'est la nature de cette opération, qui paraît malaisée à déterminer.

La solution qui se présente immédiatement à l'esprit, une fois engagé dans cette voie, consisterait à définir l'intensité d'une sensation ou d'un état quelconque du moi par le nombre et la grandeur des causes objectives, et par conséquent mesurables, qui lui ont donné naissance. Il est incontestable qu'une sensation plus intense de lumière est celle qui a été obtenue ou qui s'obtiendrait au moyen d'un plus grand nombre de sources lumineuses, supposées à la même distance et identiques entre elles. Mais, dans l'immense majorité des cas, nous nous prononçons sur l'intensité de l'effet sans même connaître la nature de la cause, à plus forte raison sa grandeur : c'est même l'intensité de l'effet qui nous amène souvent à hasarder une hypothèse sur le nombre et la nature des causes, et à réformer ainsi le jugement de nos sens, qui nous les montraient insignifiantes au premier abord. En vain on alléguera que nous comparons alors l'état actuel du moi à quelque état antérieur où la cause a été perçue intégralement en même temps qu'on en éprouvait l'effet. Nous procédons sans doute ainsi dans un assez grand nombre de cas ; mais on n'explique point alors les différences d'intensité que nous établissons entre les faits psychologiques profonds, qui émanent de nous et non plus d'une cause extérieure. D'autre part, nous ne nous prononçons jamais avec autant de hardiesse sur l'intensité d'un état psychique que lorsque l'aspect subjectif du phénomène est seul à nous frapper, ou lorsque la cause extérieure à laquelle nous le rattachons comporte difficilement la mesure. Ainsi il nous paraît évident qu'on éprouve une douleur plus intense à se sentir arracher une dent qu'un cheveu ; l'artiste sait, à n'en pas douter, qu'un tableau de maître lui procure un plaisir plus intense qu'une enseigne de magasin ; et point n'est besoin d'avoir jamais entendu parler des forces de cohésion pour affirmer qu'on dépense moins d'effort à ployer une lame d'acier qu'à vouloir courber une barre de fer. Ainsi la comparaison de deux intensités se fait le plus souvent sans la moindre appréciation du nombre des causes, de leur mode d'action ni de leur étendue.

Il y aurait encore place, il est vrai, pour une hypothèse de même nature, mais plus subtile. On sait que les théories mécaniques, et surtout cinétiques, tendent à expliquer les propriétés apparentes et sensibles des corps par des mouvements bien définis de leurs parties élémentaires, et que certains prévoient le moment où les différences intensives des qualités, c'est-à-dire de nos sensations, se réduiront à des différences extensives entre les changements qui s'exécutent derrière elles. N'est-il pas permis de soutenir que, sans connaître ces théories, nous en avons un vague pressentiment, que sous le son plus intense nous devinons une vibration plus ample se propageant au sein du milieu ébranlé, et que nous faisons allusion à ce rapport mathématique très précis, quoique confusément aperçu, quand nous affirmons d'un son qu'il présente une intensité supérieure ? Sans même aller aussi loin, ne pourrait-on pas poser en principe que tout état de conscience correspond à un certain ébranlement des molécules et atomes de la substance cérébrale, et que l'intensité d'une sensation mesure l'amplitude, la complication ou l'étendue de ces mouvements moléculaires ? Cette dernière hypothèse est au moins aussi vraisemblable que l'autre, mais elle ne résout pas davantage le problème. Car il est possible que l'intensité d'une sensation témoigne d'un travail plus ou moins considérable accompli dans notre organisme ; mais c'est la sensation qui nous est donnée par la conscience, et non pas ce travail mécanique. C'est même à l'intensité de la sensation que nous jugeons de la plus ou moins grande quantité de travail accompli : l'intensité demeure donc bien en apparence au moins, une propriété de la sensation. Et toujours la même question se pose : pourquoi disons-nous d'une intensité supérieure qu'elle est plus grande ? Pourquoi pensons-nous à une plus grande quantité ou à un plus grand espace ?

Peut-être la difficulté du problème tient-elle surtout à ce que nous appelons du même nom et nous représentons de la même manière des intensités de nature très différente, l'intensité d'un sentiment, par exemple, et celle d'une sensation ou d'un effort. L'effort s'accompagne d'une sensation musculaire, et les sensations elles-mêmes sont liées à certaines conditions physiques qui entrent vraisemblablement pour quelque chose dans l'appréciation de leur intensité ; ce sont là des phénomènes qui se passent à la surface de la conscience, et qui s'associent toujours, comme nous le verrons plus loin, à la perception d'un mouvement ou d'un objet extérieur. Mais certains états de l'âme nous paraissent, à tort ou à raison, se suffire à eux-mêmes : telles sont les joies et les tristesses profondes, les passions réfléchies, les émotions esthétiques. L'intensité pure doit se définir plus aisément dans ces cas simples, où aucun élément extensif ne semble intervenir. Nous allons voir, en effet, qu'elle se réduit ici à une certaine qualité ou nuance dont se colore une masse plus ou moins considérable d'états psychiques, ou, si l'on aime mieux, au plus ou moins grand nombre d'états simples qui pénètrent l'émotion fondamentale.

Par exemple, un obscur désir est devenu peu à peu une passion profonde. Vous verrez que la faible intensité de ce désir consistait d'abord en ce qu'il vous semblait isolé et comme étranger à tout le reste de votre vie interne. Mais petit à petit il a pénétré un plus grand nombre d'éléments psychiques, les teignant pour ainsi dire de sa propre couleur ; et voici que votre point de vue sur l'ensemble des choses vous paraît maintenant avoir changé. N'est-il pas vrai que vous vous apercevez d'une passion profonde, une fois contractée, à ce que les mêmes objets ne produisent plus sur vous la même impression ? Toutes vos sensations, toutes vos idées vous en paraissent rafraîchies ; c'est comme une nouvelle enfance. Nous éprouvons quelque chose d'analogue dans certains rêves, ou nous n'imaginons rien que de très ordinaire, et au travers desquels résonne pourtant je ne sais quelle note originale. C'est que, plus on descend dans les profondeurs de la conscience, moins on a le droit de traiter les faits psychologiques comme des choses qui se juxtaposent. Quand on dit qu'un objet occupe une grande place dans l'âme, ou même qu'il y tient toute la place, on doit simplement entendre par là que son image a modifié la nuance de mille perceptions ou souvenirs, et qu'en ce sens elle les pénètre, sans pourtant s'y faire voir. Mais cette représentation toute dynamique répugne à la conscience réfléchie, parce qu'elle aime les distinctions tranchées, qui s'expriment sans peine par des mots, et les choses aux contours bien définis, comme celles qu'on aperçoit dans l'espace. Elle supposera donc que, tout le reste demeurant identique, un certain désir a passé par des grandeurs successives : comme si l'on pouvait encore parler de grandeur là où il n'y a ni multiplicité ni espace ! Et de même que nous la verrons concentrer sur un point donné de l'organisme, pour en faire un effort d'intensité croissante, les contractions musculaires de plus en plus nombreuses qui s'effectuent sur la surface du corps, ainsi elle fera cristalliser à part, sous forme d'un désir qui grossit, les modifications progressives survenues dans la masse confuse des faits psychiques coexistants. Mais c'est là un changement de qualité, plutôt que de grandeur.

Ce qui fait de l'espérance un plaisir si intense, c'est que l'avenir, dont nous disposons à notre gré, nous apparaît en même temps sous une multitude de formes, également souriantes, également possibles. Même si la plus désirée d'entre elles se réalise, il faudra faire le sacrifice des autres, et nous aurons beaucoup perdu. L'idée de l'avenir, grosse d'une infinité de possibles, est donc plus féconde que l'avenir lui-même, et c'est pourquoi l'on trouve plus de charme à l'espérance qu'à la possession, au rêve qu'à la réalité.

Essayons de démêler en quoi consiste une intensité croissante de joie ou de tristesse, dans les cas exceptionnels où aucun symptôme physique n'intervient. La joie intérieure n'est pas plus que la passion un fait psychologique isolé qui occuperait d'abord un coin de l'âme et gagnerait peu à peu de la place. A son plus bas degré, elle ressemble assez à une orientation de nos états de conscience dans le sens de l'avenir. Puis, comme si cette attraction diminuait leur pesanteur, nos idées et nos sensations se succèdent avec plus de rapidité ; nos mouvements ne nous coûtent plus le même effort. Enfin, dans la joie extrême, nos perceptions et nos souvenirs acquièrent une indéfinissable qualité, comparable à une chaleur ou à une lumière, et si nouvelle, qu'à certains moments, en faisant retour sur nous-mêmes, nous éprouvons comme un étonnement d'être. Ainsi, il y a plusieurs formes caractéristiques de la joie purement intérieure, autant d'étapes successives qui correspondent à des modifications qualitatives de la masse de nos états psychologiques. Mais le nombre des états que chacune de ces modifications atteint est plus ou moins considérable, et quoique nous ne les comptions pas explicitement, nous savons bien si notre joie pénètre toutes nos impressions de la journée, par exemple, ou si quelques-unes y échappent. Nous établissons ainsi des points de division dans l'intervalle qui sépare deux formes successives de la joie, et cet acheminement graduel de l'une à l'autre fait qu'elles nous apparaissent à leur tour comme les intensités d'un seul et même sentiment, qui changerait de grandeur. On montrerait sans peine que les différents degrés de la tristesse correspondent, eux aussi, à des changements qualitatifs. Elle commence par n'être qu'une orientation vers le passé, un appauvrissement de nos sensations et de nos idées, comme si chacune d'elles tenait maintenant tout entière dans le peu qu'elle donne, comme si l'avenir nous était en quelque sorte fermé. Et elle finit par une impression d'écrasement, qui fait que nous aspirons au néant, et que chaque nouvelle disgrâce, en nous faisant mieux comprendre l'inutilité de la lutte, nous cause un plaisir amer.

Les sentiments esthétiques nous offrent des exemples plus frappants encore de cette intervention progressive d'éléments nouveaux, visibles dans l'émotion fondamentale, et qui semblent en accroître la grandeur quoiqu'ils se bornent à en modifier la nature. Considérons le plus simple d'entre eux, le sentiment de la grâce. Ce n'est d'abord que la perception d'une certaine aisance, d'une certaine facilité dans les mouvements extérieurs. Et comme des mouvements faciles sont ceux qui se préparent les uns les autres, nous finissons par trouver une aisance supérieure aux mouvements qui se faisaient prévoir, aux attitudes présentes où sont indiquées et comme préformées les attitudes à venir. Si les mouvements saccadés manquent de grâce, c'est parce que chacun d'eux se suffit à lui-même et n'annonce pas ceux qui vont le suivre. Si la grâce préfère les courbes aux lignes brisées, c'est que la ligne courbe change de direction à tout moment, mais que chaque direction nouvelle était indiquée dans celle qui la précédait. La perception d'une facilité à se mouvoir vient donc se fondre ici dans le plaisir d'arrêter en quelque sorte la marche du temps, et de tenir l'avenir dans le présent. Un troisième élément intervient quand les mouvements gracieux obéissent à un rythme, et que la musique les accompagne. C'est que le rythme et la mesure, en nous permettant de prévoir encore mieux les mouvements de l'artiste, nous font croire cette fois que nous en sommes les maîtres. Comme nous devinons presque l'attitude qu'il va prendre, il paraît nous obéir quand il la prend en effet ; la régularité du rythme établit entre lui et nous une espèce de communication, et les retours périodiques de la mesure sont comme autant de fils invisibles au moyen desquels nous faisons jouer cette marionnette imaginaire. Même, si elle s'arrête un instant, notre main impatientée ne peut s'empêcher de se mouvoir comme pour la pousser, comme pour la replacer au sein de ce mouvement dont le rythme est devenu toute notre pensée et toute notre volonté. Il entrera donc dans le sentiment du gracieux une espèce de sympathie physique, et en analysant le charme de cette sympathie, vous verrez qu'elle vous plaît elle-même par son affinité avec la sympathie morale, dont elle vous suggère subtilement l'idée. Ce dernier élément, où les autres viennent se fondre après l'avoir en quelque sorte annoncé, explique l'irrésistible attrait de la grâce : on ne comprendrait pas le plaisir qu'elle nous cause, si elle se réduisait à une économie d'effort, comme le prétend Spencer[1]. Mais la vérité est que nous croyons démêler dans tout ce qui est très gracieux, en outre de la légèreté qui est signe de mobilité, l'indication d'un mouvement possible vers nous, d'une sympathie virtuelle ou même naissante. C'est cette sympathie mobile, toujours sur le point de se donner, qui est l'essence même de la grâce supérieure. Ainsi les intensités croissantes du sentiment esthétique se résolvent ici en autant de sentiments divers, dont chacun, annoncé déjà par le précédent, y devient visible et l'éclipse ensuite définitivement. C'est ce progrès qualitatif que nous interprétons dans le sens d'un changement de grandeur, parce que nous aimons les choses simples, et que notre langage est mal fait pour rendre les subtilités de l'analyse psychologique.

Pour comprendre comment le sentiment du beau comporte lui-même des degrés, il faudrait le soumettre à une minutieuse analyse. Peut-être la peine qu'on éprouve à le définir tient-elle surtout à ce que l'on considère les beautés de la nature comme antérieures à celles de l'art : les procédés de l'art ne sont plus alors que des moyens par lesquels l'artiste exprime le beau, et l'essence du beau demeure mystérieuse. Mais on pourrait se demander si la nature est belle autrement que par la rencontre heureuse de certains procédés de notre art, et si, en un certain sens, l'art ne précéderait pas la nature. Sans même aller aussi loin, il semble plus conforme aux règles d'une saine méthode d'étudier d'abord le beau dans les œuvres où il a été produit par un effort conscient, et de descendre ensuite par transitions insensibles de l'art à la nature, qui est artiste à sa manière. En se plaçant à ce point de vue, on s'apercevra, croyons-nous, que l'objet de l'art est d'endormir les puissances actives ou plutôt résistantes de notre personnalité, et de nous amener ainsi à un état de docilité parfaite où nous réalisons l'idée qu'on nous suggère, où nous sympathisons avec le sentiment exprimé. Dans les procédés de l'art on retrouvera sous une forme atténuée, raffinés et en quelque sorte spiritualisés, les procédés par lesquels on obtient ordinairement l'état d'hypnose. — Ainsi, en musique, le rythme et la mesure suspendent la circulation normale de nos sensations et de nos idées en faisant osciller notre attention entre des points fixes, et s'emparent de nous avec une telle force que l'imitation, même infiniment discrète, d'une voix qui gémit suffira à nous remplir d'une tristesse extrême. Si les sons musicaux agissent plus puissamment sur nous que ceux de la nature, c'est que la nature se borne à exprimer des sentiments, au lieu que la musique nous les suggère. D'où vient le charme de la poésie ? Le poète est celui chez qui les sentiments se

---

[1] *Essais sur le progrès* (trad. fr.), page 283.

développent en images, et les images elles-mêmes en paroles, dociles au rythme, pour les traduire. En voyant repasser devant nos yeux ces images, nous éprouverons à notre tour le sentiment qui en était pour ainsi dire l'équivalent émotionnel ; mais ces images ne se réaliseraient pas aussi fortement pour nous sans les mouvements réguliers du rythme, par lequel notre âme, bercée et endormie, s'oublie comme en un rêve pour penser et pour voir avec le poète. Les arts plastiques obtiennent un effet du même genre par la fixité qu'ils imposent soudain à la vie, et qu'une contagion physique communique à l'attention du spectateur. Si les œuvres de la statuaire antique expriment des émotions légères, qui les effleurent à peine comme un souffle, en revanche la pâle immobilité de la pierre donne au sentiment exprimé, au mouvement commencé, je ne sais quoi de définitif et d'éternel, où notre pensée s'absorbe et où notre volonté se perd. On retrouverait en architecture, au sein même de cette immobilité saisissante, certains effets analogues à ceux du rythme. La symétrie des formes, la répétition indéfinie du même motif architectural, font que notre faculté de percevoir oscille du même au même, et se déshabitue de ces changements incessants qui, dans la vie journalière, nous ramènent sans cesse à la conscience de notre personnalité : l'indication, même légère, d'une idée, suffira alors à remplir de cette idée notre âme entière. Ainsi l'art vise à imprimer en nous des sentiments plutôt qu'à les exprimer ; il nous les suggère, et se passe volontiers de l'imitation de la nature quand il trouve des moyens plus efficaces. La nature procède par suggestion comme l'art, mais ne dispose pas du rythme. Elle y supplée par cette longue camaraderie que la communauté des influences subies a créée entre elle et nous, et qui fait qu'à la moindre indication d'un sentiment nous sympathisons avec elle, comme un sujet habitué obéit au geste du magnétiseur. Et cette sympathie se produit en particulier quand la nature nous présente des êtres aux proportions normales, tels que notre attention se divise également entre toutes les parties de la figure sans se fixer sur aucune d'elles : notre faculté de percevoir se trouvant alors bercée par cette espèce d'harmonie, rien n'arrête plus le libre essor de la sensibilité, qui n'attend jamais que la chute de l'obstacle pour être émue sympathiquement. — Il résulte de cette analyse que le sentiment du beau n'est pas un sentiment spécial, mais que tout sentiment éprouvé par nous revêtira un caractère esthétique, pourvu qu'il ait été suggéré, et non pas causé. On comprend alors pourquoi l'émotion esthétique nous paraît admettre des degrés d'intensité, et aussi des degrés d'élévation. Tantôt, en effet, le sentiment suggéré interrompt à peine le tissu serré des faits psychologiques qui composent notre histoire ; tantôt il en détache notre attention sans toutefois nous les faire perdre de vue ; tantôt enfin il se substitue à eux, nous absorbe, et accapare notre âme entière. Il y a donc des phases distinctes dans le progrès d'un sentiment esthétique, comme dans l'état d'hypnose ; et ces phases correspondent moins à des variations de degré qu'à des différences d'état ou de nature. Mais le mérite d'une œuvre d'art ne se mesure pas tant à la puissance avec laquelle le sentiment suggéré s'empare de nous qu'à la richesse de ce sentiment lui-même : en d'autres termes, à côté des degrés d'intensité, nous distinguons instinctivement des degrés de profondeur ou d'élévation. En analysant ce dernier concept, on verra que les sentiments et les pensées que l'artiste nous suggère expriment et résument une partie plus moins considérable de son histoire. Si l'art qui ne donne que des sensations est un art inférieur, c'est que l'analyse ne démêle pas souvent dans une sensation autre chose que cette sensation même. Mais la plupart des émotions sont grosses de mille sensations, sentiments ou idées qui les pénètrent : chacune d'elles est donc un état unique en son genre, indéfinissable, et il semble qu'il faudrait revivre la vie de celui qui l'éprouve pour l'embrasser dans sa complexe originalité. Pourtant l'artiste vise à nous introduire dans cette émotion si riche, si personnelle, si nouvelle, et à nous faire éprouver ce qu'il ne saurait nous faire comprendre. Il fixera donc, parmi les manifestations extérieures de son sentiment, celles que notre corps imitera machinalement, quoique légèrement, en les apercevant, de manière à nous replacer tout d'un coup dans l'indéfinissable état psychologique qui les provoqua. Ainsi tombera la barrière que le temps et l'espace interposaient entre sa conscience et la nôtre ; et plus sera riche d'idées, gros de sensations et d'émotions le sentiment dans le cadre duquel il nous aura fait entrer, plus la beauté exprimée aura de profondeur ou d'élévation. Les intensités successives du sentiment esthétique correspondent donc à des changements d'état survenus en nous, et les degrés de profondeur au plus ou moins grand nombre de faits psychiques élémentaires que nous démêlons confusément dans l'émotion fondamentale.

On soumettrait les sentiments moraux à une étude du même genre. Considérons la pitié par exemple. Elle consiste d'abord à se mettre par la pensée à la place des autres, à souffrir de leur souffrance. Mais si elle n'était rien de plus, comme quelques-uns l'ont prétendu, elle nous inspirerait l'idée de fuir les misérables plutôt que de leur porter secours, car la souffrance nous fait naturellement horreur. Il est possible que ce sentiment d'horreur se trouve à l'origine de la pitié ; mais un élément nouveau ne tarde pas à s'y joindre, un besoin d'aider nos semblables et de soulager leur souffrance. Dirons-nous, avec La Rochefoucauld, que cette prétendue sympathie est un calcul, « une habile prévoyance des maux à venir » ? Peut-être la crainte entre-t-elle en effet pour quelque chose encore dans la compassion que les maux d'autrui nous inspirent ; mais ce ne sont toujours là que des formes inférieures de la pitié. La pitié vraie consiste moins à craindre la souffrance qu'à la désirer. Désir léger, qu'on souhaiterait à peine de voir réalisé, et qu'on forme pourtant malgré soi, comme si la nature commettait quelque grande injustice, et qu'il fallût écarter tout soupçon de complicité avec elle. L'essence de la pitié est donc un besoin de s'humilier, une aspiration à descendre. Cette aspiration douloureuse a d'ailleurs son charme, parce qu'elle nous grandit dans notre propre estime, et fait que nous nous sentons supérieurs à ces biens sensibles dont notre pensée se détache momentanément. L'intensité croissante de la pitié consiste donc dans un progrès qualitatif, dans un passage du dégoût à la crainte, de la crainte à la sympathie, et de la sympathie elle-même à l'humilité.

Nous ne pousserons pas plus loin cette analyse. Les états psychiques dont nous venons de définir l'intensité sont des états profonds, qui ne paraissent point solidaires de leur cause extérieure, et qui ne semble pas non plus envelopper la perception d'une contraction musculaire. Mais ces états sont rares. Il n'y a guère de passion ou de désir, de joie ou de tristesse, qui ne s'accompagne de symptômes physiques ; et, là où ces symptômes se présentent, ils nous servent vraisemblablement à quelque chose dans l'appréciation des intensités. Quant aux sensations proprement dites, elles sont manifestement liées à leur cause extérieure, et, quoique l'intensité de la sensation ne se puisse définir par la grandeur de sa cause, il existe sans doute quelque rapport entre ces deux termes. Même, dans certaines de ses manifestations, la conscience paraît s'épanouir au dehors, comme si l'intensité se développait en étendue : tel est l'effort musculaire. Plaçons-nous tout de suite en face de ce dernier phénomène : nous nous transporterons ainsi d'un seul bond à l'extrémité opposée de la série des faits psychologiques.

S'il est un phénomène qui paraisse se présenter immédiatement à la conscience sous forme de quantité ou tout au moins de grandeur, c'est sans contredit l'effort musculaire. Il nous semble que la force psychique, emprisonnée dans l'âme comme les vents dans l'antre d'Éole, y attende seulement une occasion de s'élancer dehors ; la volonté surveillerait cette force, et, de temps à autre, lui ouvrirait une issue, proportionnant l'écoulement à l'effet désiré. Même, en y réfléchissant bien, on verra que cette conception assez grossière de l'effort entre pour une large part dans notre croyance à des grandeurs intensives. Comme la force musculaire qui se déploie dans l'espace et se manifeste par des phénomènes mesurables nous fait l'effet d'avoir préexisté à ses manifestations, mais sous un moindre volume et à l'état comprimé, pour ainsi dire, nous n'hésitons pas à resserrer ce volume de plus en plus, et finalement nous croyons comprendre qu'un état purement psychique, n'occupant plus d'espace, ait néanmoins une grandeur. La science incline d'ailleurs à fortifier l'illusion du sens commun sur ce point. M. Bain nous dit par exemple que la sensibilité concomitante du mouvement musculaire coïncide avec le courant centrifuge de la force nerveuse : c'est donc l'émission même de la force nerveuse que la conscience apercevrait. M. Wundt parle également d'une sensation d'origine centrale, accompagnant l'innervation volontaire des muscles, et cite l'exemple du paralytique, qui a la sensation très nette de la force qu'il déploie à vouloir soulever sa jambe, quoiqu'elle reste inerte[2]. La plupart des auteurs se rangent à cette opinion, qui ferait loi dans la science positive, si, il y a quelques années, M. William James n'avait attiré l'attention des physiologistes sur certains phénomènes assez peu remarqués, et pourtant bien remarquables.

Quand un paralytique fait effort pour soulever le membre inerte, il n'exécute pas ce mouvement, sans doute, mais, bon gré, mal gré, il en exécute un autre. Quelque mouvement s'effectue quelque part : sinon, point de sensation d'effort[3]. Déjà Vulpian avait fait remarquer que si l'on demande à un hémiplégique de fermer son poing paralysé, il accomplit inconsciemment cette action avec le poing qui n'est pas malade. Ferrier signalait un phénomène plus curieux encore[4]. Étendez le bras en recourbant légèrement votre index, comme si vous alliez presser la détente d'un pistolet : vous pourrez ne pas remuer le doigt, ne contracter aucun muscle de la main, ne produire aucun mouvement apparent, et sentir pourtant que vous dépensez de l'énergie. Toutefois, en y regardant de plus près, vous vous apercevrez que cette sensation d'effort coïncide avec la fixation des muscles de votre poitrine, que vous tenez la glotte fermée, et que vous contractez activement vos muscles respiratoires. Dès que la respiration reprend son cours normal, la conscience de l'effort s'évanouit, à moins qu'on ne meuve réellement le doigt. Ces faits semblaient déjà indiquer que nous n'avons pas conscience d'une émission de force, mais du mouvement des muscles qui en est le résultat. L'originalité de M. William James a été de vérifier l'hypothèse sur des exemples, qui y paraissaient absolument réfractaires. Ainsi, quand le muscle droit externe de l'œil droit est paralysé, le malade essaie en vain de tourner l'œil du côté droit ; pourtant les objets lui paraissent fuir à droite, et puisque l'acte de volonté n'a produit aucun effet, il faut bien, disait Helmholtz[5], que l'effort même de la volonté se soit manifesté à la conscience. — Mais on n'a pas tenu compte, répond M. James, de ce qui se passe dans l'autre œil : celui-ci reste couvert pendant les expériences ; il se meut néanmoins, et l'on s'en convaincra sans peine. C'est ce mouvement de l'œil gauche, perçu par la conscience, qui nous donne la sensation d'effort, en même temps qu'il nous fait croire au mouvement des objets aperçus par l'œil droit. Ces observations, et d'autres analogues, conduisent M. James à affirmer que le sentiment de l'effort est centripète, et non pas centrifuge. Nous ne prenons pas conscience d'une

---

[2] *Psychologie physiologique*, trad. ROUVIER, tome I, page 423.
[3] W. JAMES, *Le sentiment de l'effort* (Critique philosophique, 1880, tome II).
[4] *Les fonctions du cerveau*, page 358 (trad. fr.).
[5] *Optique physiologique*, trad. fr., page 764.

force que nous lancerions dans l'organisme : notre sentiment de l'énergie musculaire déployée « est une sensation afférente complexe, qui vient des muscles contractés, des ligaments tendus, des articulations comprimées, de la poitrine fixée, de la glotte fermée, du sourcil froncé, des mâchoires serrées », bref, de tous les points de la périphérie où l'effort apporte une modification.

Il ne nous appartient pas de prendre position dans le débat. Aussi bien, la question qui nous préoccupe n'est-elle pas de savoir si le sentiment de l'effort vient du centre ou de la périphérie, mais en quoi consiste au juste notre perception de son intensité. Or, il suffit de s'observer attentivement soi-même pour aboutir, sur ce dernier point, à une conclusion que M. James n'a pas formulée, mais qui nous paraît tout à fait conforme à l'esprit de sa doctrine. Nous prétendons que plus un effort donné nous fait l'effet de croître, plus augmente le nombre des muscles qui se contractent sympathiquement, et que la conscience apparente d'une plus grande intensité d'effort sur un point donné de l'organisme se réduit, en réalité, à la perception d'une plus grande surface du corps s'intéressant à l'opération.

Essayez, par exemple, de serrer le poing « de plus en plus ». Il vous semblera que la sensation d'effort, tout entière localisée dans votre main, passe successivement par des grandeurs croissantes. En réalité, votre main éprouve toujours la même chose. Seulement, la sensation qui y était localisée d'abord a envahi votre bras, remonté jusqu'à l'épaule ; finalement, l'autre bras se raidit, les deux jambes l'imitent, la respiration s'arrête ; c'est le corps qui donne tout entier. Mais vous ne vous rendez distinctement compte de ces mouvements concomitants qu'à la condition d'en être averti ; jusque-là, vous pensez avoir affaire à un état de conscience unique, qui changeait de grandeur. Quand vous serrez les lèvres de plus en plus l'une contre l'autre, vous croyez éprouver à cet endroit une même sensation de plus en plus forte : ici encore vous vous apercevrez, en y réfléchissant davantage, que cette sensation reste identique, mais que certains muscles de la face et de la tête, puis de tout le reste du corps, ont pris part à l'opération. Vous avez senti cet envahissement graduel, cette augmentation de surface qui est bien réellement un changement de quantité ; mais comme vous pensiez surtout à vos lèvres serrées, vous avez localisé l'accroissement à cet endroit, et vous avez fait de la force psychique qui s'y dépensait une grandeur, quoiqu'elle n'eût pas d'étendue. Examinez avec soin une personne qui soulève des poids de plus en plus lourds : la contraction musculaire gagne peu à peu son corps tout entier. Quant à la sensation plus particulière qu'elle éprouve dans le bras qui travaille, elle reste constante pendant fort longtemps, et ne change guère que de qualité, la pesanteur devenant à un certain moment fatigue, et la fatigue douleur. Pourtant le sujet s'imaginera avoir conscience d'un accroissement continu de la force psychique affluant au bras. Il ne reconnaîtra son erreur qu'à la condition d'en être averti, tant il est porté à mesurer un état psychologique donné par les mouvements conscients qui l'accompagnent ! De ces faits et de beaucoup d'autres du même genre on dégagera, croyons-nous, la conclusion suivante : notre conscience d'un accroissement d'effort musculaire se réduit à la double perception d'un plus grand nombre de sensations périphériques et d'un changement qualitatif survenu dans quelques-unes d'entre elles.

Nous voici donc amenés à définir l'intensité d'un effort superficiel comme celle d'un sentiment profond de l'âme. Dans l'un et l'autre cas, il y a progrès qualitatif et complexité croissante, confusément aperçue. Mais la conscience, habituée à penser dans l'espace et à se parler à elle-même ce qu'elle pense, désignera le sentiment par un seul mot et localisera l'effort au point précis où il donne un résultat utile : elle apercevra alors un effort, toujours semblable à lui-même, qui grandit sur la place qu'elle lui a assignée, et un sentiment qui, ne changeant pas de nom, grossit sans changer de nature. Il est vraisemblable que nous allons retrouver cette illusion de la conscience dans les états intermédiaires entre les efforts superficiels et les sentiments profonds. Un grand nombre d'états psychologiques sont accompagnés, en effet, de contractions musculaires et de sensations périphériques. Tantôt ces éléments superficiels sont coordonnés entre eux par une idée purement spéculative, tantôt par une représentation d'ordre pratique. Dans le premier cas, il y a effort intellectuel ou attention ; dans le second se produisent des émotions qu'on pourrait appeler violentes ou aiguës, la colère, la frayeur, et certaines variétés de la joie, de la douleur, de la passion et du désir. Montrons brièvement que la même définition de l'intensité convient à ces états intermédiaires.

L'attention n'est pas un phénomène purement physiologique ; mais on ne saurait nier que des mouvements l'accompagnent. Ces mouvements ne sont ni la cause ni le résultat du phénomène ; ils en font partie, ils l'expriment en étendue, comme l'a si remarquablement montré M. Ribot[6]. Déjà Fechner réduisait le sentiment de l'effort d'attention, dans un organe des sens, au sentiment musculaire « produit en mettant en mouvement, par une sorte d'action réflexe, les muscles qui sont en rapport avec les différents organes sensoriels ». Il avait remarqué cette sensation très distincte de tension et de contraction de la peau de la tête, cette pression de dehors en dedans sur tout le crâne, que l'on éprouve quand on fait un grand effort pour se rappeler quelque chose. M. Ribot a étudié de plus près les mouvements caractéristiques de l'attention volontaire. « L'attention, dit-il, contracte le frontal : ce muscle... tire à lui le sourcil, l'élève, et détermine des rides transversales sur le front... Dans les

---

[6] *Le mécanisme de l'attention*, Alcan, 1888.

cas extrêmes, la bouche s'ouvre largement. Chez les enfants et chez beaucoup d'adultes, l'attention vive produit une protrusion des lèvres, une espèce de moue. » Certes, il entrera toujours dans l'attention volontaire un facteur purement psychique, quand ce ne serait que l'exclusion, par la volonté, de toutes les idées étrangères à celle dont on désire s'occuper. Mais, une fois cette exclusion faite, nous croyons encore avoir conscience d'une tension croissante de l'âme, d'un effort immatériel qui grandit. Analyser cette impression, et vous n'y trouverez point autre chose que le sentiment d'une contraction musculaire qui gagne en surface ou change de nature, la tension devenant pression, fatigue, douleur.

Or, nous ne voyons pas de différence essentielle entre l'effort d'attention et ce qu'on pourrait appeler l'effort de tension de l'âme, désir aigu, colère déchaînée, amour passionné, haine violente. Chacun de ces états se réduirait, croyons-nous, à un système de contractions musculaires coordonnées par une idée : mais dans l'attention c'est l'idée plus ou moins réfléchie de connaître : dans l'émotion, l'idée irréfléchie d'agir. L'intensité de ces émotions violentes ne doit donc point être autre chose que la tension musculaire qui les accompagne. Darwin a remarquablement décrit les symptômes physiologiques de la fureur. « Les battements du cœur s'accélèrent : la face rougit ou prend une pâleur cadavérique ; la respiration est laborieuse ; la poitrine se soulève ; les narines frémissantes se dilatent. Souvent le corps entier tremble. La voix s'altère ; les dents se serrent ou se frottent les unes contre les autres, et le système musculaire est généralement excité à quelque acte violent, presque frénétique... Les gestes représentent plus ou moins parfaitement l'acte de frapper ou de lutter contre un ennemi[7]. Nous n'irons point jusqu'à soutenir, avec M. William James[8], que l'émotion de la fureur se réduise à la somme de ces sensations organiques — il entrera toujours dans la colère un élément psychique irréductible, quand ce ne serait que cette idée de frapper ou de lutter dont parle Darwin, idée qui imprime à tant de mouvements divers une direction commune. Mais si cette idée détermine la direction de l'état émotionnel et l'orientation des mouvements concomitants, l'intensité croissante de l'état lui-même n'est point autre chose, croyons-nous, que l'ébranlement de plus en plus profond de l'organisme, ébranlement que la conscience mesure sans peine par le nombre et l'étendue des surfaces intéressées. En vain on alléguera qu'il y a des fureurs contenues, et d'autant plus intenses. C'est que là où l'émotion se donne libre carrière, la conscience ne s'arrête pas au détail des mouvements concomitants : elle s'y arrête au contraire, elle se concentre sur eux quand elle vise à les dissimuler. Éliminez enfin toute trace d'ébranlement organique, toute velléité

---

[7] *Expression des émotions*, page 79.
[8] *What is an emotion ? Mind*, 1884. page 189.

de contraction musculaire : il ne restera de la colère qu'une idée, ou, si vous tenez encore à en faire une émotion, vous ne pourrez lui assigner d'intensité.

« Une frayeur intense, dit Herbert Spencer[9], s'exprime par des cris, des efforts pour se cacher ou s'échapper, des palpitations et du tremblement. » Nous allons plus loin, et nous soutenons que ces mouvements font partie de la frayeur même : par eux la frayeur devient une émotion, susceptible de passer par des degrés différents d'intensité. Supprimez-les entièrement, et à la frayeur plus ou moins intense succédera une idée de frayeur, la représentation tout intellectuelle d'un danger qu'il importe d'éviter. Il y a aussi une acuité de joie et de douleur, de désir, d'aversion et même de honte, dont on trouverait la raison d'être dans les mouvements de réaction automatique que l'organisme commence, et que la conscience perçoit. « L'amour, dit Darwin, fait battre le cœur, accélérer la respiration, rougir le visage[10]. » L'aversion se marque par des mouvements de dégoût que l'on répète, sans y prendre garde, quand on pense à l'objet détesté. On rougit, on crispe involontairement les doigts quand on éprouve de la honte, fût-elle rétrospective. L'acuité de ces émotions s'évalue au nombre et à la nature des sensations périphériques qui les accompagnent. Peu à peu, et à mesure que l'état émotionnel perdra de sa violence pour gagner en profondeur, les sensations périphériques céderont la place à des éléments internes : ce ne seront plus nos mouvements extérieurs, mais nos idées, nos souvenirs, nos états de conscience en général qui s'orienteront, en plus ou moins grand nombre, dans une direction déterminée. Il n'y a donc pas de différence essentielle, au point de vue de l'intensité, entre les sentiments profonds, dont nous parlions au début de cette étude, et les émotions aiguës ou violentes que nous venons de passer en revue. Dire que l'amour, la haine, le désir gagnent en violence, c'est exprimer qu'ils se projettent au dehors, qu'ils rayonnent à la surface, qu'aux éléments internes se substituent des sensations périphériques : mais superficiels ou profonds, violents ou réfléchis, l'intensité de ces sentiments consiste toujours dans la multiplicité des états simples que la conscience y démêle confusément.

Nous nous sommes bornés jusqu'ici à des sentiments et à des efforts, états complexes, et dont l'intensité ne dépend pas absolument d'une cause extérieure. Mais les sensations nous apparaissent comme des états simples : en quoi consistera leur grandeur ? L'intensité de ces sensations varie comme la cause extérieure dont elles passent pour être l'équivalent conscient : comment expliquer l'invasion de la quantité dans un effet inextensif, et cette fois indivisible ? Pour répondre à cette question, il faut d'abord distinguer entre les

---

[9] *Principes de psychologie*, tome I, page 523.
[10] *Expression des émotions*, page 84.

sensations dites affectives et les sensations représentatives. Sans doute on passe graduellement des unes aux autres ; sans doute il entre un élément affectif dans la plupart de nos représentations simples. Mais rien n'empêche de le dégager, et de rechercher séparément en quoi consiste l'intensité d'une sensation affective, plaisir ou douleur.

Peut-être la difficulté de ce dernier problème tient-elle surtout à ce qu'on ne veut pas voir dans l'état affectif autre chose que l'expression consciente d'un ébranlement organique, ou le retentissement interne d'une cause extérieure. On remarque qu'à un plus grand ébranlement nerveux correspond généralement une sensation plus intense ; mais comme ces ébranlements sont inconscients en tant que mouvements puisqu'ils prennent pour la conscience l'aspect d'une sensation qui ne leur ressemble guère, on ne voit pas comment ils transmettraient à la sensation quelque chose de leur propre grandeur. Car il n'y a rien de commun, nous le répétons, entre des grandeurs superposables telles que des amplitudes de vibration, par exemple, et des sensations qui n'occupent point d'espace. Si la sensation plus intense nous paraît contenir la sensation de moindre intensité, si elle revêt pour nous, comme l'ébranlement organique lui-même, la forme d'une grandeur, c'est vraisemblablement qu'elle conserve quelque chose de l'ébranlement physique auquel elle correspond. Et elle n'en conservera rien si elle n'est que la traduction consciente d'un mouvement de molécules ; car précisément parce que ce mouvement se traduit en sensation de plaisir ou de douleur, il demeure inconscient en tant que mouvement moléculaire.

Mais on pourrait se demander si le plaisir et la douleur, au lieu d'exprimer seulement ce qui vient de se passer ou ce qui se passe dans l'organisme, comme on le croit d'ordinaire, n'indiqueraient pas aussi ce qui va s'y produire, ce qui tend à s'y passer. Il semble en effet assez peu vraisemblable que la nature, si profondément utilitaire, ait assigné ici à la conscience la tâche toute scientifique de nous renseigner sur le passé ou le présent, qui ne dépendent plus de nous. Il faut remarquer en outre qu'on s'élève par degrés insensibles des mouvements automatiques aux mouvements libres, et que ces derniers diffèrent surtout des précédents en ce qu'ils nous présentent, entre l'action extérieure qui en est l'occasion et la réaction voulue qui s'ensuit, une sensation affective intercalée. On pourrait même concevoir que toutes nos actions fussent automatiques, et l'on connaît d'ailleurs une infinie variété d'êtres organisés chez qui une excitation extérieure engendre une réaction déterminée sans passer par l'intermédiaire de la conscience. Si le plaisir et la douleur se produisent chez quelques privilégiés, c'est vraisemblablement pour autoriser de leur part une résistance à la réaction automatique qui se produirait ; ou la sensation n'a pas de raison d'être, ou c'est un commencement de liberté. Mais comment nous permettrait-elle de résister à la réaction qui se prépare si elle ne nous en faisait connaître la nature par quelque signe précis ? et quel peut être ce signe, sinon l'esquisse et comme la préformation des mouvements automatiques futurs au sein même de la sensation éprouvée ? L'état affectif ne doit donc pas correspondre seulement aux ébranlements, mouvements ou phénomènes physiques qui ont été, mais encore et surtout à ceux qui se préparent, à ceux qui voudraient être.

Il est vrai qu'on ne voit pas d'abord comment cette hypothèse simplifie le problème. Car nous cherchons ce qu'il peut y avoir de commun entre un phénomène physique et un état de conscience au point de vue de la grandeur, et il semble qu'on se borne à retourner la difficulté quand on fait de l'état de conscience présent un indice de la réaction à venir, plutôt qu'une traduction psychique de l'excitation passée. La différence est considérable cependant entre les deux hypothèses. Car les ébranlements moléculaires dont on parlait tout à l'heure étaient nécessairement inconscients, puisque rien ne pouvait subsister de ces mouvements eux-mêmes dans la sensation qui les traduisait. Mais les mouvements automatiques qui tendent à suivre l'excitation subie, et qui en constitueraient le prolongement naturel, sont vraisemblablement conscients en tant que mouvements : ou bien alors la sensation elle-même, dont le rôle est de nous inviter à un choix entre cette réaction automatique et d'autres mouvements possibles, n'aurait aucune raison d'être. L'intensité des sensations affectives ne serait donc que la conscience que nous prenons des mouvements involontaires qui commencent, qui se dessinent en quelque sorte dans ces états, et qui auraient suivi leur libre cours si la nature eût fait de nous des automates, et non des êtres conscients.

Si ce raisonnement est fondé, on ne devra pas comparer une douleur d'intensité croissante à une note de la gamme qui deviendrait de plus en plus sonore, mais plutôt à une symphonie, où un nombre croissant d'instruments se feraient entendre. Au sein de la sensation caractéristique, qui donne le ton à toutes les autres, la conscience démêlera une multiplicité plus ou moins considérable de sensations émanant des différents points de la périphérie, contractions musculaires, mouvements organiques de tout genre : le concert de ces états psychiques élémentaires exprime les exigences nouvelles de l'organisme, en présence de la nouvelle situation qui lui est faite. En d'autres termes, nous évaluons l'intensité d'une douleur à l'intérêt qu'une partie plus ou moins grande de l'organisme veut bien y prendre. M. Richet[11] a observé qu'on rapportait son mal à un endroit d'autant plus précis que la douleur est plus faible : si elle devient plus intense, on la rapporte à tout le membre malade. Et il conclut en

---

[11] *L'homme et l'intelligence*, page 36.

disant que « la douleur s'irradie d'autant plus qu'elle est plus intense[12] ». Nous croyons qu'il faut retourner cette proposition, et définir précisément l'intensité de la douleur par le nombre et l'étendue des parties du corps qui sympathisent avec elle et réagissent, au vu et su de la conscience. Il suffira, pour s'en convaincre, de lire la remarquable description que le même auteur a donnée du dégoût : « Si l'excitation est faible, il peut n'y avoir ni nausée ni vomissement... Si l'excitation est plus forte, au lieu de se limiter au pneumogastrique elle s'irradie et porte sur presque tout le système de la vie organique. La face pâlit, les muscles lisses de la peau se contractent, la peau se couvre d'une sueur froide, le cœur suspend ses battements : en un mot, il y a perturbation organique générale consécutive à l'excitation de la moelle allongée, et cette perturbation est l'expression suprême du dégoût[13]. » — Mais n'en est-elle que l'expression ? En quoi consistera donc la sensation générale de dégoût, sinon dans la somme de ces sensations élémentaires ? Et que pouvons-nous entendre ici par intensité croissante, si ce n'est le nombre toujours croissant de sensations qui viennent s'ajouter aux sensations déjà aperçues ? Darwin a tracé une peinture saisissante des réactions consécutives à une douleur de plus en plus aiguë : « Elle pousse l'animal à exécuter les efforts les plus violents et les plus variés pour échapper à la cause qui la produit... Dans la souffrance intense, la bouche se contracte fortement, les lèvres se crispent, les dents se serrent. Tantôt les yeux s'ouvrent tout grands, tantôt les sourcils se contractent fortement le corps est baigné de sueur ; la circulation se modifie ainsi que la respiration[14]. » — N'est-ce pas précisément à cette contraction des muscles intéressés que nous mesurons l'intensité d'une douleur ? Analysez l'idée que vous vous faites d'une souffrance que vous déclarez extrême : n'entendez-vous pas par là qu'elle est insupportable, c'est-à-dire qu'elle incite l'organisme à mille actions diverses pour y échapper ? On conçoit qu'un nerf transmette une douleur indépendante de toute réaction automatique ; on conçoit aussi que des excitations plus ou moins fortes influent ce nerf diversement. Mais ces différences de sensations ne seraient point interprétées par votre conscience comme des différences de quantité, si vous n'y rattachiez les réactions plus ou moins étendues, plus ou moins graves, qui ont coutume de les accompagner. Sans ces réactions consécutives, l'intensité de la douleur serait une qualité, et non pas une grandeur.

Nous n'avons guère d'autre moyen pour comparer entre eux plusieurs plaisirs. Qu'est-ce qu'un plus grand plaisir, sinon un plaisir préféré ? Et que peut être notre préférence sinon une certaine disposition de nos organes, qui fait que, les

---

[12] *Ibid.*, page 37.
[13] *Ibid.*, page 43.
[14] *Expression des émotions*, page 84.

deux plaisirs se présentant simultanément à notre esprit, notre corps incline vers l'un d'eux ? Analysez cette inclination elle-même, et vous y trouverez mille petits mouvements qui commencent, qui se dessinent dans les organes intéressés et même dans le reste du corps, comme si l'organisme allait au-devant du plaisir représenté. Quand on définit l'inclination un mouvement, on ne fait pas une métaphore. En présence de plusieurs plaisirs conçus par l'intelligence, notre corps s'oriente vers l'un d'eux spontanément, comme par une action réflexe. Il dépend de nous de l'arrêter, mais l'attrait du plaisir n'est point autre chose que ce mouvement commencé, et l'acuité même du plaisir, pendant qu'on le goûte, n'est que l'inertie de l'organisme qui s'y noie, refusant toute autre sensation. Sans cette force d'inertie, dont nous prenons conscience par la résistance que nous opposons à ce qui pourrait nous distraire, le plaisir serait encore un état, mais non plus une grandeur. Dans le monde moral, comme dans le monde physique, l'attraction sert à expliquer le mouvement plutôt qu'à le produire.

Nous avons étudié à part les sensations affectives. Remarquons maintenant que beaucoup de sensations représentatives ont un caractère affectif, et provoquent ainsi de notre part une réaction dont nous tenons compte dans l'appréciation de leur intensité. Un accroissement considérable de lumière se traduit pour nous par une sensation caractéristique, qui n'est pas encore de la douleur, mais qui présente des analogies avec l'éblouissement. A mesure que l'amplitude de la vibration sonore augmente, notre tête, puis notre corps nous font l'effet de vibrer ou de recevoir un choc. Certaines sensations représentatives, celles de saveur, d'odeur et de température, ont même constamment un caractère agréable ou désagréable. Entre des saveurs plus ou moins amères, vous ne démêleriez guère que des différences de qualité ; ce sont comme les nuances d'une même couleur. Mais ces différences de qualité s'interprètent aussitôt comme des différences de quantité, à cause de leur caractère affectif et des mouvements plus ou moins prononcés de réaction, plaisir ou dégoût, qu'elles nous suggèrent. En outre, même quand la sensation reste purement représentative, sa cause extérieure ne peut dépasser un certain degré de force ou de faiblesse sans provoquer de notre part des mouvements, qui nous servent à la mesurer. Tantôt, en effet, nous avons à faire effort pour apercevoir cette sensation, comme si elle se dérobait ; tantôt au contraire elle nous envahit, s'impose à nous, et nous absorbe de telle manière que nous employons tout notre effort à nous en dégager, et à rester nous-mêmes. La sensation est dite peu intense dans le premier cas, et très intense dans l'autre. Ainsi, pour percevoir un son lointain, pour distinguer ce que nous appelons une odeur légère et une faible lumière, nous tendons tous les ressorts de notre activité, nous « faisons attention ». Et c'est justement parce que l'odeur et la lumière demandent alors à se renforcer de notre effort qu'elles nous paraissent faibles. Inversement, nous reconnaissons la sensation d'intensité extrême aux mouvements irrésistibles de réaction automatique qu'elle provoque de notre part, ou à l'impuissance dont elle nous frappe. Un coup de canon tiré à nos oreilles, une lumière éblouissante s'allumant tout à coup, nous enlèvent pendant un instant la conscience de notre personnalité ; cet état pourra même se prolonger chez un sujet prédisposé. Il faut ajouter que, même dans la région des intensités dites moyennes, alors qu'on traite d'égal à égal avec la sensation représentative, nous en apprécions souvent l'importance en la comparant à une autre qu'elle supplante, ou en tenant compte de la persistance avec laquelle elle revient. Ainsi le tic-tac d'une montre paraît plus sonore pendant la nuit, parce qu'il absorbe sans peine une conscience presque vide de sensations et d'idées. Des étrangers, conversant entre eux dans une langue que nous ne comprenons point, nous font l'effet de parler très haut, parce que leurs paroles, n'évoquant plus d'idées dans notre esprit, éclatent au milieu d'une espèce de silence intellectuel, et accaparent notre attention comme le tic-tac d'une montre pendant la nuit. Toutefois, avec ces sensations dites moyennes, nous abordons une série d'états psychiques dont l'intensité doit avoir une signification nouvelle. Car, la plupart du temps, l'organisme ne réagit guère, du moins d'une manière apparente ; et pourtant nous érigeons encore en grandeur une hauteur de son, une intensité de lumière, une saturation de couleur. Sans doute l'observation minutieuse de ce qui se passe dans l'ensemble de l'organisme quand nous entendons telle ou telle note, quand nous percevons telle ou telle couleur, nous réserve plus d'une surprise : M. Ch. Féré n'a-t-il pas montré que toute sensation est accompagnée d'une augmentation de force musculaire, mesurable au dynamomètre[15] ? Toutefois cette augmentation ne frappe guère la conscience et si l'on réfléchit à la précision avec laquelle nous distinguons les sons et les couleurs, voire les poids et les températures, on devinera sans peine qu'un nouvel élément d'appréciation doit entrer ici en jeu. La nature de cet élément est d'ailleurs aisée à déterminer.

À mesure, en effet, qu'une sensation perd son caractère affectif pour passer à l'état de représentation, les mouvements de réaction qu'elle provoquait de notre part tendent à s'effacer ; mais aussi nous apercevons l'objet extérieur qui en est la cause, ou, si nous ne l'apercevons pas, nous l'avons aperçu, et nous y pensons. Or, cette cause est extensive et par conséquent mesurable : une expérience de tous les instants, qui a commencé avec les premières lueurs de la conscience et qui se poursuit pendant notre existence entière, nous montre une nuance déterminée de la sensation répondant à une valeur déterminée de

---

[15] Ch. FÉRÉ, *Sensation et mouvement*, Paris, 1887.

l'excitation. Nous associons alors à une certaine qualité de l'effet l'idée d'une certaine quantité de la cause ; et, finalement, comme il arrive pour toute perception acquise, nous mettons l'idée dans la sensation, la quantité de la cause dans la qualité de l'effet. A ce moment précis, l'intensité, qui n'était qu'une certaine nuance ou qualité de la sensation, devient une grandeur. On se rendra facilement compte de ce processus en tenant une épingle dans la main droite, par exemple, et en se piquant de plus en plus profondément la main gauche. Vous sentirez d'abord comme un chatouillement, puis un contact auquel succède une piqûre, ensuite une douleur localisée en un point, enfin une irradiation de cette douleur dans la zone environnante. Et plus vous y réfléchirez, plus vous verrez que ce sont là autant de sensations qualitativement distinctes, autant de variétés d'une même espèce. Pourtant vous parliez d'abord d'une seule et même sensation de plus en plus envahissante, d'une piqûre de plus en plus intense. C'est que, sans y prendre garde, vous localisiez dans la sensation de la main gauche, qui est piquée, l'effort progressif de la main droite qui la pique. Vous introduisiez ainsi la cause dans l'effet, et vous interprétiez inconsciemment la qualité en quantité, l'intensité en grandeur. Il est aisé de voir que l'intensité de toute sensation représentative doit s'entendre de la même manière.

Les sensations de son nous présentent des degrés bien accusés d'intensité. Nous avons déjà dit qu'il fallait tenir compte du caractère affectif de ces sensations, de la secousse reçue par l'ensemble de l'organisme. Nous avons montré qu'un son très intense est celui qui absorbe notre attention, qui supplante tous les autres. Mais faites abstraction du choc, de la vibration bien caractérisée que vous ressentez parfois dans la tête ou même dans tout le corps; faites abstraction de la concurrence que se font entre eux les sons simultanés : que restera-t-il, sinon une indéfinissable qualité du son entendu ? Seulement, cette qualité s'interprète aussitôt en quantité, parce que vous l'avez mille fois obtenue vous-même en frappant un objet, par exemple, et en fournissant par là une quantité déterminée d'effort. Vous savez aussi jusqu'à quel point vous auriez à enfler votre voix pour produire un son analogue, et l'idée de cet effort se présente instantanément à votre esprit quand vous érigez l'intensité du son en grandeur. Wundt[16] a attiré l'attention sur les liaisons toutes particulières de filets nerveux vocaux et auditifs qui s'effectuent dans le cerveau humain. N'a-t-on pas dit qu'entendre, c'est se parler à soi-même ? Certains névropathes ne peuvent assister à une conversation sans remuer les lèvres ; ce n'est là qu'une exagération de ce qui se passe chez chacun de nous. Comprendrait-on le pouvoir expressif ou plutôt suggestif de la musique, si l'on

---

[16] *Psychologie physiologique*, trad. fr., tome II, p. 497.

n'admettait pas que nous répétons intérieurement les sons entendus, de manière à nous replacer dans l'état psychologique d'où ils sont sortis, état original, qu'on ne saurait exprimer, mais que les mouvements adoptés par l'ensemble de notre corps nous suggèrent ?

Quand nous parlons de l'intensité d'un son de force moyenne comme d'une grandeur, nous faisons donc surtout allusion au plus ou moins grand effort que nous aurions à fournir pour nous procurer à nouveau la même sensation auditive. Mais, à côté de l'intensité, nous distinguons une autre propriété caractéristique du son, la hauteur. Les différences de hauteur, telles que notre oreille les perçoit, sont-elles des différences quantitatives ? Nous accordons qu'une acuité supérieure de son évoque l'image d'une situation plus élevée dans l'espace. Mais suit-il de là que les notes de la gamme, en tant que sensations auditives, diffèrent autrement que par la qualité ? Oubliez ce que la physique vous a appris, examinez avec soin l'idée que vous avez d'une note plus ou moins haute, et dites si vous ne pensez pas tout simplement au plus ou moins grand effort que le muscle tenseur de vos cordes vocales aurait à fournir pour donner la note à son tour ? Comme l'effort par lequel votre voix passe d'une note à la suivante est discontinu, vous vous représentez ces notes successives comme des points de l'espace qu'on atteindrait l'un après l'autre par des sauts brusques, en franchissant chaque fois un intervalle vide qui les sépare : et c'est pourquoi vous établissez des intervalles entre les notes de la gamme. Reste à savoir, il est vrai, pourquoi la ligne sur laquelle nous les échelonnons est verticale plutôt qu'horizontale, et pourquoi nous disons que le son monte dans certains cas, descend dans d'autres. Il est incontestable que les notes aiguës nous paraissent produire des effets de résonance dans la tête, et les notes graves dans la cage thoracique ; cette perception, réelle ou illusoire, a contribué sans doute à nous faire compter verticalement les intervalles. Mais il faut remarquer aussi que, plus l'effort de tension des cordes vocales est considérable dans la voix de poitrine, plus grande est la surface du corps qui s'y intéresse chez le chanteur inexpérimenté ; c'est même pourquoi l'effort est senti par lui comme plus intense. Et comme il expire l'air de bas en haut, il attribuera la même direction au son que le courant d'air produit ; c'est donc par un mouvement de bas en haut que se traduira la sympathie d'une plus grande partie du corps avec les muscles de la voix. Nous dirons alors que la note est plus haute, parce que le corps fait un effort comme pour atteindre un objet plus élevé dans l'espace. L'habitude s'est ainsi contractée d'assigner une hauteur à chaque note de la gamme, et le jour où le physicien a pu la définir par le nombre de vibrations auxquelles elle correspond dans un temps donné, nous n'avons plus hésité à dire que notre oreille percevait directement des différences de quantité. Mais le son resterait qualité pure, si nous n'y introduisions l'effort musculaire qui le produirait, ou la vibration qui l'explique.

Les expériences récentes de Blix, Goldscheider et Donaldson[17] ont montré que ce ne sont pas les mêmes points de la surface du corps qui sentent le froid et la chaleur. La physiologie incline donc dès maintenant à établir entre les sensations de chaud et de froid une distinction de nature, et non plus de degré. Mais l'observation psychologique va plus loin, car une conscience attentive trouverait sans peine des différences spécifiques entre les diverses sensations de chaleur, comme aussi entre les sensations de froid. Une chaleur plus intense est réellement une chaleur autre. Nous la disons plus intense parce que nous avons mille fois éprouvé ce même changement quand nous nous rapprochions d'une source de chaleur, ou quand une plus grande surface de notre corps en était impressionnée. En outre, les sensations de chaleur et de froid deviennent bien vite affectives, et provoquent alors de notre part des réactions plus ou moins accentuées qui en mesurent la cause extérieure : comment n'établirions-nous pas des différences quantitatives analogues entre les sensations qui correspondent à des puissances intermédiaires de cette cause ? Nous n'insisterons pas davantage ; il appartient à chacun de s'interroger scrupuleusement sur ce point, en faisant table rase de tout ce que son expérience passée lui a appris sur la cause de sa sensation, en se plaçant face à face avec cette sensation elle-même. Le résultat de cet examen ne nous paraît pas douteux : on s'apercevra bien vite que la grandeur de la sensation représentative tient à ce qu'on mettait la cause dans l'effet, et l'intensité de l'élément affectif à ce qu'on introduisait dans la sensation les mouvements de réaction plus ou moins importants qui continuent l'excitation extérieure. Nous solliciterons le même examen pour les sensations de pression et même de poids. Quand vous dites qu'une pression exercée sur votre main devient de plus en plus forte, voyez si vous ne vous représentez pas par là que le contact est devenu pression, puis douleur, et que cette douleur elle-même, après avoir passé par plusieurs phases, s'est irradiée dans la région environnante. Voyez encore, voyez surtout si vous ne faites pas intervenir l'effort antagoniste de plus en plus intense, c'est-à-dire de plus en plus étendu, que vous opposez à la pression extérieure. Lorsque le psychophysicien soulève un poids plus lourd, il éprouve, dit-il, un accroissement de sensation. Examinez si cet accroissement de sensation ne devrait pas plutôt s'appeler une sensation d'accroissement. Toute la question est là, car dans le premier cas la sensation serait une quantité, comme sa cause extérieure, et dans le second une qualité, devenue représentative de la grandeur de sa cause. La distinction du lourd et du léger

---

[17] *On the temperature sense, Mind*. 1885.

pourra paraître aussi arriérée, aussi naïve que celle du chaud et du froid. Mais la naïveté même de cette distinction en fait une réalité psychologique. Et non seulement le lourd et le léger constituent pour notre conscience des genres différents, mais les degrés de légèreté et de lourdeur sont autant d'espèces de ces deux genres. Il faut ajouter que la différence de qualité se traduit spontanément ici en différence de quantité, à cause de l'effort plus ou moins étendu que notre corps fournit pour soulever un poids donné. Vous vous en convaincrez sans peine si l'on vous invite à soulever un panier que l'on vous aura dit rempli de ferraille, alors qu'il est vide en réalité. Vous croirez perdre l'équilibre en le saisissant, comme si des muscles étrangers s'étaient intéressés par avance à l'opération et en éprouvaient un brusque désappointement. C'est surtout au nombre et à la nature de ces efforts sympathiques, accomplis sur divers points de l'organisme, que vous mesurez la sensation de pesanteur en un point donné ; et cette sensation ne serait qu'une qualité si vous n'y introduisiez ainsi l'idée d'une grandeur. Ce qui fortifie d'ailleurs votre illusion sur ce point, c'est l'habitude contractée de croire à la perception immédiate d'un mouvement homogène dans un espace homogène. Quand je soulève avec le bras un poids léger, tout le reste de mon corps demeurant immobile, j'éprouve une série de sensations musculaires dont chacune a son « signe local », sa nuance propre : c'est cette série que ma conscience interprète dans le sens d'un mouvement continu dans l'espace. Si je soulève ensuite à la même hauteur et avec la même vitesse un poids plus lourd, je passe par une nouvelle série de sensations musculaires, dont chacune diffère du terme correspondant de la série précédente : c'est de quoi je me convaincrai sans peine en les examinant bien. Mais comme j'interprète cette nouvelle série, elle aussi, dans le sens d'un mouvement continu, comme ce mouvement a la même direction, la même durée et la même vitesse que le précédent, il faut bien que ma conscience localise ailleurs que dans le mouvement lui-même la différence entre la seconde série de sensations et la première. Elle matérialise alors cette différence à l'extrémité du bras qui se meut ; elle se persuade que la sensation du mouvement a été identique dans les deux cas, tandis que la sensation de poids différait de grandeur. Mais mouvement et poids sont des distinctions de la conscience réfléchie : la conscience immédiate a la sensation d'un mouvement pesant, en quelque sorte, et cette sensation elle-même se résout à l'analyse en une série de sensations musculaires, dont chacune représente par sa nuance le lieu où elle se produit, et par sa coloration la grandeur du poids qu'on soulève.

Appellerons-nous quantité ou traiterons-nous comme une qualité l'intensité de la lumière ? On n'a peut-être pas assez remarqué la multitude d'éléments très différents qui concourent, dans la vie journalière, à nous renseigner sur la nature de la source lumineuse. Nous savons de longue date que cette lumière est éloignée, ou près de s'éteindre, quand nous avons de la peine à démêler les contours et les détails des objets. L'expérience nous a appris qu'il fallait attribuer à une puissance supérieure de la cause cette sensation affective, prélude de l'éblouissement, que nous éprouvons dans certains cas. Selon qu'on augmente ou qu'on diminue le nombre des sources de lumière, les arêtes des corps ne se détachent pas de la même manière, non plus que les ombres qu'ils projettent. Mais il faut faire une part plus large encore, croyons-nous, aux changements de teinte que subissent les surfaces colorées — même les couleurs pures du spectre — sous l'influence d'une lumière plus faible ou plus brillante. A mesure que la source lumineuse se rapproche, le violet prend une teinte bleuâtre, le vert tend au jaune blanchâtre et le rouge au jaune brillant. Inversement, quand cette lumière s'éloigne, le bleu d'outremer passe au violet, le jaune au vert ; finalement le rouge, le vert et le violet se rapprochent du jaune blanchâtre. Ces changements de teinte ont été remarqués depuis un certain temps par les physiciens[18] ; mais ce qui est autrement remarquable, selon nous, c'est que la plupart des hommes ne s'en aperçoivent guère, à moins d'y prêter attention ou d'en être avertis. Décidés à interpréter les changements de qualité en changements de quantité, nous commençons par poser en principe que tout objet a sa couleur propre, déterminée et invariable. Et quand la teinte des objets se rapprochera du jaune ou du bleu, au lieu de dire que nous voyons leur couleur changer sous l'influence d'un accroissement ou d'une diminution d'éclairage, nous affirmerons que cette couleur reste la même, mais que notre sensation d'intensité lumineuse augmente ou diminue. Nous substituons donc encore à l'impression qualitative que notre conscience reçoit l'interprétation quantitative que notre entendement en donne. Helmholtz a signalé un phénomène d'interprétation du même genre, mais plus compliqué encore : « Si l'on compose du blanc, dit-il, avec deux couleurs spectrales, et qu'on augmente ou diminue dans le même rapport les intensités des deux lumières chromatiques, de telle sorte que les proportions du mélange restent les mêmes, la couleur résultante reste la même, bien que le rapport d'intensité des sensations change notablement... Cela tient à ce que la lumière solaire, que nous considérons comme étant le blanc normal, pendant le jour, subit elle-même, quand l'intensité lumineuse varie, des modifications analogues de sa nuance[19]. »

Toutefois, si nous jugeons souvent des variations de la source lumineuse par les changements relatifs de teinte des objets qui nous entourent, il n'en est plus ainsi dans les cas simples, où un objet unique, une surface blanche par exemple, passe successivement par différents degrés de luminosité. Nous devons insister

---

[18] ROOD, *Théorie scientifique des couleurs*, pp. 154-159.
[19] *Optique physiologique*, trad. fr., p. 423.

tout particulièrement sur ce dernier point. La physique nous parle en effet des degrés d'intensité lumineuse comme de quantités véritables : ne les mesure-t-elle pas au photomètre ? Le psychophysicien va plus loin encore : il prétend que notre œil évalue lui-même les intensités de la lumière. Des expériences ont été tentées par M. Delbœuf[20] d'abord, puis par MM. Lehmann et Neiglick[21], pour établir une formule psychophysique sur la mensuration directe de nos sensations lumineuses. Nous ne contesterons pas les résultats de ces expériences, non plus que la valeur des procédés photométriques ; mais tout dépend de l'interprétation qu'on en donne.

Considérez attentivement une feuille de papier éclairée par quatre bougies, par exemple, et faites éteindre successivement une, deux, trois d'entre elles. Vous dites que la surface reste blanche et que son éclat diminue. Vous savez en effet, qu'on vient d'éteindre une bougie ; ou, si vous ne le savez pas, vous avez bien des fois noté un changement analogue dans l'aspect d'une surface blanche quand on diminuait l'éclairage. Mais faites abstraction de vos souvenirs et de vos habitudes de langage : ce que vous avez aperçu réellement, ce n'est pas une diminution d'éclairage de la surface blanche, c'est une couche d'ombre passant sur cette surface au moment où s'éteignait la bougie. Cette ombre est une réalité pour votre conscience, comme la lumière elle-même. Si vous appeliez blanche la surface primitive dans tout son éclat, il faudra donner un autre nom à ce que vous voyez, car c'est autre chose : ce serait, si l'on pouvait parler ainsi, une nouvelle nuance du blanc. Faut-il maintenant tout dire ? Nous avons été habitués par notre expérience passée, et aussi par les théories physiques, à considérer le noir comme une absence ou tout au moins comme un minimum de sensation lumineuse, et les nuances successives du gris comme des intensités décroissantes de la lumière blanche. Eh bien, le noir a autant de réalité pour notre conscience que le blanc, et les intensités décroissantes de la lumière blanche éclairant une surface donnée seraient pour une conscience non prévenue autant de nuances différentes, assez analogues aux diverses couleurs du spectre. Ce qui le prouve bien, c'est que le changement n'est pas continu dans la sensation comme dans sa cause extérieure, c'est que la lumière peut croître ou diminuer pendant un certain temps sans que l'éclairage de notre surface blanche nous paraisse changer : il ne paraîtra changer, en effet, que lorsque l'accroissement ou la diminution de la lumière extérieure suffiront à la création d'une qualité nouvelle. Les variations d'éclat d'une couleur donnée — abstraction faite des sensations affectives dont il a été parlé plus haut — se réduiraient donc à des changements qualitatifs, si nous n'avions pas contracté

---

[20] *Éléments de psychophysique*, Paris, 1883.
[21] Voir le compte rendu de ces expériences dans la *Revue philosophique*, 1887, tome I., page 71 et tome II, page 180.

l'habitude de mettre la cause dans l'effet, et de substituer à notre impression naïve ce que l'expérience et la science nous apprennent. On en dirait autant des degrés de saturation. En effet, si les diverses intensités d'une couleur correspondent à autant de nuances différentes comprises entre cette couleur et le noir, les degrés de saturation sont comme des nuances intermédiaires entre cette même couleur et le blanc pur. Toute couleur, dirions-nous, peut être envisagée sous un double aspect, au point de vue du noir et au point de vue du blanc. Le noir serait à l'intensité ce que le blanc est à la saturation.

On comprendra maintenant le sens des expériences photométriques. Une bougie, placée à une certaine distance d'une feuille de papier, l'éclaire d'une certaine manière : vous doublez la distance, et vous constatez qu'il faut quatre bougies pour éveiller en vous la même sensation. De là vous concluez que, si vous aviez doublé la distance sans augmenter l'intensité de la source lumineuse, l'effet d'éclairage eût été quatre fois moins considérable. Mais il est trop évident qu'il s'agit ici de l'effet physique, et non pas psychologique. Car on ne peut pas dire que nous ayons comparé deux sensations entre elles : nous avons utilisé une sensation unique, pour comparer entre elles deux sources lumineuses différentes, la seconde quadruple de la première mais deux fois plus éloignée qu'elle. En un mot, le physicien ne fait jamais intervenir des sensations doubles ou triples les unes des autres, mais seulement des sensations identiques, destinées à servir d'intermédiaires entre deux quantités physiques qu'on pourra alors égaler l'une à l'autre. La sensation lumineuse joue ici le rôle de ces inconnues auxiliaires que le mathématicien introduit dans ses calculs, et qui disparaissent du résultat final.

Tout autre est l'objet du psychophysicien : c'est la sensation lumineuse elle-même qu'il étudie, et qu'il prétend mesurer. Tantôt il procédera à une intégration de différences infiniment petites, selon la méthode de Fechner ; tantôt il comparera directement une sensation à une autre sensation. Cette dernière méthode, due à Plateau et à Delbœuf, diffère beaucoup moins qu'on ne l'a cru jusqu'ici de celle de Fechner ; mais, comme elle porte plus spécialement sur les sensations lumineuses, nous nous en occuperons d'abord. M. Delbœuf place un observateur en présence de trois anneaux concentriques à éclat variable. Un dispositif ingénieux lui permet de faire passer chacun de ces anneaux par toutes les teintes intermédiaires entre le blanc et le noir. Supposons deux de ces teintes grises simultanément produites sur deux anneaux, et maintenues invariables ; nous les appellerons A et B par exemple. M. Delbœuf fait varier l'éclat C du troisième anneau, et demande à l'observateur de lui dire si, à un moment donné, la teinte grise B lui paraît également éloignée des deux autres. Un moment arrive, en effet, où celui-ci déclare le contraste AB égal au contraste BC ; de telle sorte qu'on pourrait construire, selon M. Delbœuf, une échelle d'intensités lumineuses où l'on passerait de chaque sensation à la suivante par contrastes sensibles égaux : nos sensations se mesureraient ainsi les unes par les autres. Nous ne suivrons pas M. Delbœuf dans les conclusions qu'il a tirées de ces remarquables expériences : la question essentielle, la question unique, selon nous, est de savoir si un contraste AB, formé des éléments A et B, est réellement égal à un contraste BC, composé différemment. Le jour où l'on aurait établi que deux sensations peuvent être égales sans être identiques, la psychophysique serait fondée. Mais c'est cette égalité qui nous paraît contestable : il est facile d'expliquer, en effet, comment une sensation d'intensité lumineuse peut être dite à égale distance de deux autres.

Supposons un instant que, depuis notre naissance, les variations d'intensité d'une source lumineuse se fussent traduites à notre conscience par la perception successive des diverses couleurs du spectre. Il n'est pas douteux que ces couleurs nous apparaîtraient alors comme autant de notes d'une gamme, comme des degrés plus ou moins élevés dans une échelle, comme des grandeurs en un mot. D'autre part, il nous serait facile d'assigner à chacune d'elles sa place dans la série. En effet, si la cause extensive varie d'une manière continue, la sensation colorée change d'une manière discontinue, passant d'une nuance à une autre nuance. Quelque nombreuses que puissent donc être les nuances intermédiaires entre deux couleurs A et B, on pourra toujours les compter par la pensée, du moins grossièrement, et vérifier si ce nombre est à peu près égal à celui des nuances qui séparent B d'une autre couleur C. Dans ce dernier cas, on dira que B est également distant de A et de C, que le contraste est le même de part et d'autre. Mais ce ne sera toujours là qu'une interprétation commode : car bien que le nombre des nuances intermédiaires soit égal des deux côtés, bien que l'on passe de l'une à l'autre par des sauts brusques, nous ne savons pas si ces sauts sont des grandeurs, ni des grandeurs égales : surtout, il faudrait nous montrer que les intermédiaires qui ont servi à la mesure se retrouvent, en quelque sorte, au sein de l'objet mesuré. Sinon, c'est par métaphore seulement qu'une sensation pourra être dite à égale distance de deux autres.

Or, si l'on veut bien nous accorder ce que nous disions plus haut des intensités lumineuses, on reconnaîtra que les diverses teintes grises présentées par M. Delbœuf à notre observation sont tout à fait analogues, pour notre conscience, à des couleurs, et que si nous déclarons une teinte grise équidistante de deux autres teintes grises, c'est dans le même sens où l'on pourrait dire que l'orangé, par exemple, est à égale distance du vert et du rouge. Seulement il y a cette différence que, dans toute notre expérience passée, la succession des teintes grises s'est produite à propos d'une augmentation ou d'une diminution progressive d'éclairage. De là vient que nous faisons pour les différences d'éclat ce que nous ne songeons pas à faire pour les différences de coloration : nous érigeons les changements de qualité en variations de grandeur. La mesure se fait d'ailleurs sans peine, parce que les nuances successives du gris amenées par une diminution continue d'éclairage sont discontinues, étant des qualités, et que nous pouvons compter approximativement les principaux intermédiaires qui séparent deux d'entre elles. Le contraste AB sera donc déclaré égal au contraste BC quand notre imagination, aidée de notre mémoire, interposera de part et d'autre le même nombre de points de repère. Cette appréciation devra d'ailleurs être des plus grossières, et l'on peut prévoir qu'elle variera considérablement avec les personnes. Surtout, il faut s'attendre à ce que les hésitations et les écarts d'appréciation soient d'autant plus marqués qu'on augmentera davantage la différence d'éclat entre les anneaux A et B, car un effort de plus en plus pénible sera requis pour évaluer le nombre des teintes intercalaires. C'est précisément ce qui arrive, comme on s'en convaincra sans peine, en jetant un coup d'œil sur les deux tableaux dressés par M. Delbœuf[22]. A mesure qu'il fait croître la différence d'éclat entre l'anneau extérieur et l'anneau moyen, l'écart entre les chiffres auxquels s'arrêtent tour à tour un même observateur ou des observateurs différents augmente d'une manière à peu près continue de 3 degrés à 94, de 5 à 73, de 10 à 25, de 7 à 40. Mais laissons de côté ces écarts ; supposons que les observateurs soient toujours d'accord avec eux-mêmes, toujours d'accord entre eux : aura-t-on établi que les contrastes AB et BC soient égaux ? Il faudrait d'abord avoir prouvé que deux contrastes élémentaires successifs sont des quantités égales, et nous savons seulement qu'ils sont successifs. Il faudrait ensuite avoir établi qu'on retrouve dans une teinte grise donnée les teintes inférieures par lesquelles notre imagination a passé pour évaluer l'intensité objective de la source de lumière. En un mot, la psychophysique de M. Delbœuf suppose un postulat théorique de la plus haute importance, qui se dissimule en vain sous des apparences expérimentales, et que nous formulerions ainsi : « Quand on fait croître d'une manière continue la quantité objective de lumière, les différences entre les teintes grises successivement obtenues, différences qui traduisent chacune le plus petit accroissement perçu d'excitation physique, sont des quantités égales entre elles. Et de plus, on peut égaler l'une quelconque des sensations obtenues à la somme des différences qui séparent les unes des autres les sensations antérieures, depuis la sensation nulle. » — Or, c'est là précisément le postulat de la psychophysique de Fechner, que nous allons examiner.

---

[22] *Éléments de psychophysique*, pages 61 et 69.

Fechner est parti d'une loi découverte par Weber et d'après laquelle, étant donnée une certaine excitation provoquant une certaine sensation, la quantité d'excitation qu'il faut ajouter à la première pour que la conscience s'aperçoive d'un changement sera dans un rapport constant avec elle. Ainsi, en désignant par E l'excitation qui correspond à la sensation S, et par ΔE la quantité d'excitation de même nature qu'il faut ajouter à la première pour qu'une sensation de différence se produise, on aurait

$\frac{\Delta E}{E}$=const.

Cette formule a été profondément modifiée par les disciples de Fechner : nous n'interviendrons pas dans le débat ; il appartient à l'expérience de décider entre la relation établie par Weber et celles qu'on y substitue. Nous ne ferons d'ailleurs aucune difficulté pour admettre l'existence probable d'une loi de ce genre. Il ne s'agit pas ici, en effet, de mesurer la sensation, mais seulement de déterminer le moment précis où un accroissement d'excitation la fait changer. Or, si une quantité déterminée d'excitation produit une nuance déterminée de sensation, il est clair que la quantité minima d'excitation exigée pour provoquer un changement de cette nuance est déterminée aussi ; et puisqu'elle n'est pas constante, elle doit être fonction de l'excitation à laquelle elle s'ajoute. — Mais comment passer, d'une relation entre l'excitation et son accroissement minimum, à une équation qui lie la « quantité de la sensation » à l'excitation correspondante ? Toute la psychophysique est dans ce passage, qu'il importe d'étudier attentivement.

Nous distinguerons plusieurs artifices différents dans l'opération par laquelle on passe, des expériences de Weber ou de toute autre série d'observations analogues, à une loi psychophysique comme celle de Fechner. On convient d'abord de considérer comme un accroissement de la sensation S la conscience que nous avons d'un accroissement d'excitation ; on l'appellera donc ΔS. On pose ensuite en principe que toutes les sensations ΔS correspondant au plus petit accroissement perceptible d'une excitation sont égales entre elles. On les traite alors comme des quantités, et ces quantités étant toujours égales, d'une part, tandis que d'autre part l'expérience a donné entre l'excitation E et son accroissement minimum une certaine relation ΔE = ƒ(E), on exprime la constante de ΔS en écrivant : $\Delta S = C \frac{\Delta E}{f(E)}$, C étant une quantité constante. On convient enfin de remplacer les différences très petites ΔS et ΔE par les différences infiniment petites dS et dE, d'où une équation cette fois différentielle : $dS = C \frac{dE}{f(E)}$ Il ne restera plus alors qu'à intégrer les deux membres pour obtenir la relation cherchée[23] : $S = C \int_0^E \frac{dE}{f(E)}$. Et l'on passera ainsi d'une loi vérifiée, où l'apparition de la sensation était seule en cause, à une loi invérifiable, qui en donne la mesure.

Sans entrer dans une discussion approfondie de cette ingénieuse opération, montrons en quelques mots comment Fechner a saisi la véritable difficulté du problème, comment il a essayé de la surmonter, et où réside, selon nous, le vice de son raisonnement.

Fechner a compris qu'on ne saurait introduire la mesure en psychologie sans y définir d'abord l'égalité et l'addition de deux états simples, de deux sensations par exemple. D'autre part, à moins d'être identiques, on ne voit pas d'abord comment deux sensations seraient égales. Sans doute, dans le monde physique, égalité n'est point synonyme d'identité. Mais c'est que tout phénomène, tout objet, s'y présente sous un double aspect, l'un qualitatif, l'autre extensif : rien n'empêche de faire abstraction du premier, et il ne reste plus alors que des termes capables d'être superposés directement ou indirectement l'un à l'autre, et de s'identifier ensemble par conséquent. Or, cet élément qualitatif, que l'on commence par éliminer des choses extérieures pour en rendre la mesure possible, est précisément celui que la psychophysique retient et prétend mesurer. Et c'est en vain qu'elle chercherait à évaluer cette qualité Q par quelque quantité physique Q' située au-dessous d'elle ; car il faudrait préalablement avoir montré que Q est fonction de Q' et ceci ne pourrait se faire que si l'on avait d'abord mesuré la qualité Q avec quelque fraction d'elle-même. Ainsi, rien n'empêcherait de mesurer la sensation de chaleur par le degré de température ; mais ce ne serait là qu'une convention, et la psychophysique consiste précisément à repousser cette convention et à chercher comment la sensation de chaleur varie quand varie la température. Bref, il semble que deux sensations différentes ne puissent être dites égales que si quelque fond identique demeure après l'élimination de leur différence qualitative ; et, d'autre part, cette différence qualitative étant tout ce que nous sentons, on ne voit pas ce qui pourrait subsister une fois qu'on l'aurait éliminée.

L'originalité de Fechner est de n'avoir pas jugé cette difficulté insurmontable. Profitant de ce que la sensation varie par sauts brusques quand l'excitation croît d'une manière continue, il n'a pas hésité à désigner ces différences de sensation

---

[23] Dans le cas particulier où l'on admet sans restriction de la loi de Weber $\frac{\Delta E}{E}$ = const., l'intégration donne $S = C \log \frac{E}{Q}$, Q étant une constante. C'est la « loi logarithmique » de Fechner.

par le même nom : ce sont des différences minima, en effet, puisqu'elles correspondent chacune au plus petit accroissement perceptible de l'excitation extérieure. Dès lors, vous pouvez faire abstraction de la nuance ou qualité spécifique de ces différences successives ; un fond commun demeurera par où elles s'identifieront en quelque sorte ensemble : elles sont minima les unes et les autres. Voilà la définition cherchée de l'égalité. Celle de l'addition suivra naturellement. Car si l'on traite comme une quantité la différence aperçue par la conscience entre deux sensations qui se succèdent le long d'un accroissement continu d'excitation, si l'on appelle la première S et la seconde S + ΔS, on devra considérer toute sensation S comme une somme, obtenue par l'addition des différences *minima* que l'on traverse avant de l'atteindre. Il ne restera plus alors qu'à utiliser cette double définition pour établir une relation entre les différences ΔS et ΔE d'abord, puis, par l'intermédiaire des différentielles, entre les deux variables. Il est vrai que les mathématiciens pourront protester ici contre le passage de la différence à la différentielle ; les psychologues se demanderont si la quantité ΔS, au lieu d'être constante, ne varierait pas comme la sensation S elle-même[24] : enfin l'on discutera sur le sens véritable de la loi psychophysique, une fois établie. Mais par cela seul que l'on considère ΔS comme une quantité et S comme une somme, on admet le postulat fondamental de l'opération entière.

Or, c'est ce postulat qui nous paraît contestable, et même assez peu intelligible. Supposez, en effet, que j'éprouve une sensation S, et que, faisant croître l'excitation d'une manière continue, je m'aperçoive de cet accroissement au bout d'un certain temps. Me voilà averti de l'accroissement de la cause : mais quel rapport établir entre cet avertissement et une différence ? Sans doute l'avertissement consiste ici en ce que l'état primitif S a changé ; il est devenu S' ; mais pour que le passage de S à S' fût comparable à une différence arithmétique, il faudrait que j'eusse conscience, pour ainsi dire, d'un intervalle entre S et S', et que ma sensibilité montât de S à S' par l'addition de quelque chose. En donnant à ce passage un nom, en l'appelant ΔS, vous en faites une réalité d'abord, une quantité ensuite. Or, non seulement vous ne sauriez expliquer en quel sens ce passage est une quantité, mais vous vous apercevrez, en y réfléchissant, que ce n'est même pas une réalité ; il n'y a de réels que les états S et S' par lesquels on passe. Sans doute, si S et S' étaient des nombres, je pourrais affirmer la réalité de la différence S' − S, lors même que S' et S seraient seuls donnés : c'est que le nombre S' − S, qui est une certaine somme d'unités, représentera précisément alors les moments successifs de l'addition par laquelle on passe de S à S'. Mais si S et S' sont des états simples, en quoi

---

[24] Dans ces derniers temps, on a supposé ΔS proportionnel à S.

consistera l'intervalle qui les sépare ? Et que sera donc le passage du premier état au second, sinon un acte de votre pensée, qui assimile arbitrairement, et pour le besoin de la cause, une succession de deux états à une différenciation de deux grandeurs ?

Ou vous vous en tenez à ce que la conscience vous donne, ou vous usez d'un mode de représentation conventionnel. Dans le premier cas, vous trouverez entre S et S'une différence analogue à celle des nuances de l'arc-en-ciel, et point du tout un intervalle de grandeur. Dans le second, vous pourrez introduire le symbole ΔS, si vous voulez, mais c'est par convention que vous parlerez de différence arithmétique, par convention aussi que vous assimilerez une sensation donnée à une somme. Le plus pénétrant des critiques de Fechner, M. Jules Tannery, a mis ce dernier point en pleine lumière : « On dira, par exemple, qu'une sensation de 50 degrés est exprimée par le nombre de sensations différentielles qui se succéderaient depuis l'absence de sensation jusqu'à la sensation de 50 degrés... Je ne vois pas qu'il y ait là autre chose qu'une définition, aussi légitime qu'arbitraire[25]. »

Nous ne croyons pas, quoi qu'on en ait dit, que la méthode des graduations moyennes ait fait entrer la psychophysique dans une voie nouvelle. L'originalité de M. Delbœuf a été de choisir un cas particulier où la conscience parût donner raison à Fechner, et où le sens commun fût lui-même psychophysicien. Il s'est demandé si certaines sensations ne nous apparaissaient pas immédiatement comme égales, quoique différentes, et si l'on ne pourrait pas dresser par leur intermédiaire un tableau de sensations doubles, triples, quadruples les unes des autres. L'erreur de Fechner, disions-nous, était d'avoir cru à un intervalle entre deux sensations successives S et S', alors que de l'une à l'autre il y a simplement passage, et non pas différence au sens arithmétique du mot. Mais si les deux termes entre lesquels le passage s'effectuent pouvaient être donnés simultanément, il y aurait cette fois contraste en outre du passage ; et quoique le contraste ne soit pas encore une différence arithmétique, il y ressemble par un certain côté ; les deux termes que l'on compare sont en présence l'un de l'autre comme dans une soustraction de deux nombres. Supposez maintenant que ces sensations soient de même nature, et que constamment, dans notre expérience passée, nous ayons assisté à leur défilé, pour ainsi dire, pendant que l'excitation physique croissait d'une manière continue : il est infiniment probable que nous mettrons la cause dans l'effet, et que l'idée de contraste viendra se fondre dans celle de différence arithmétique. Comme, d'autre part, nous aurons remarqué que la sensation changeait brusquement tandis que le progrès de l'excitation était continu, nous évaluerons sans doute la distance

---

[25] *Revue scientifique*, 13 mars et 24 avril 1875.

entre deux sensations données par le nombre, grossièrement reconstitué, de ces sauts brusques, ou tout au moins des sensations intermédiaires qui nous servent le plus ordinairement de jalons. En résumé, le contraste nous apparaîtra comme une différence, l'excitation comme une quantité, le saut brusque comme un élément d'égalité, combinant ces trois facteurs ensemble, nous aboutirons à l'idée de différences quantitatives égales. Or, nulle part ces conditions ne sont aussi bien réalisées que lorsque des surfaces de même couleur, plus ou moins éclairées, se présentent à nous simultanément. Non seulement il y a ici contraste entre sensations analogues, mais ces sensations correspondent à une cause dont l'influence nous a toujours paru étroitement liée à sa distance ; et comme cette distance peut varier d'une manière continue, nous avons dû noter, dans notre expérience passée, une innombrable multitude de nuances de sensation se succédant le long d'un accroissement continu de la cause. Nous pourrons donc dire que le contraste d'une première teinte grise avec une seconde, par exemple, nous paraît à peu près égal au contraste de la seconde avec une troisième ; et si l'on définit deux sensations égales en disant que ce sont des sensations qu'un raisonnement plus ou moins confus interprète comme telles, on aboutira, en effet, à une loi comme celle que propose M. Delbœuf. Mais il ne faudra pas oublier que la conscience a passé par les mêmes intermédiaires que le psychophysicien, et que son jugement vaut ici ce que vaut la psychophysique : c'est une interprétation symbolique de la qualité en quantité, une évaluation plus ou moins grossière du nombre des sensations qui se pourraient intercaler entre deux sensations données. La différence n'est donc pas aussi considérable qu'on le croit entre la méthode des modifications minima et celle des graduations moyennes, entre la psychophysique de Fechner et celle de M. Delbœuf. La première aboutit à une mesure conventionnelle de la sensation ; la seconde en appelle au sens commun dans les cas particuliers où il adopte une convention analogue. Bref, toute psychophysique est condamnée par son origine même a tourner dans un cercle vicieux, car le postulat théorique sur lequel elle repose la condamne à une vérification expérimentale, et elle ne peut être vérifiée expérimentalement que si l'on admet d'abord son postulat. C'est qu'il n'y a pas de point de contact entre l'inétendu et l'étendu, entre la qualité et la quantité. On peut interpréter l'une par l'autre, ériger l'une en équivalent de l'autre ; mais, tôt ou tard, au commencement ou à la fin, il faudra reconnaître le caractère conventionnel de cette assimilation.

À vrai dire, la psychophysique n'a fait que formuler avec précision et pousser à ses conséquences extrêmes une conception familière au sens commun. Comme nous parlons plutôt que nous ne pensons, comme aussi les objets extérieurs, qui sont du domaine commun, ont plus d'importance pour nous que les états subjectifs par lesquels nous passons, nous avons tout intérêt à objectiver ces états en y introduisant, dans la plus large mesure possible, la représentation de leur cause extérieure. Et plus nos connaissances s'accroissent, plus nous apercevons l'extensif derrière l'intensif et la quantité derrière la qualité, plus aussi nous tendons à mettre le premier terme dans le second, et à traiter nos sensations comme des grandeurs. La physique, dont le rôle est précisément de soumettre au calcul la cause extérieure de nos états internes, se préoccupe le moins possible de ces états eux-mêmes — sans cesse, et de parti pris, elle les confond avec leur cause. Elle encourage donc et exagère même sur ce point l'illusion du sens commun. Le moment devait fatalement arriver où, familiarisée avec cette confusion de la qualité avec la quantité et de la sensation avec l'excitation, la science chercherait à mesurer l'une comme elle mesure l'autre : tel a été l'objet de la psychophysique. A cette tentative hardie Fechner était encouragé par ses adversaires eux-mêmes, par les philosophes qui parlent de grandeurs intensives tout en déclarant les états psychiques réfractaires à la mesure. Si l'on admet, en effet, qu'une sensation puisse être plus forte qu'une autre sensation, et que cette inégalité réside dans les sensations mêmes, indépendamment de toute association d'idées, de toute considération plus ou moins consciente de nombre et d'espace, il est naturel de chercher de combien la première sensation surpasse la seconde, et d'établir un rapport quantitatif entre leurs intensités. Et il ne sert à rien de répondre, comme font souvent les adversaires de la psychophysique, que toute mesure implique superposition, et qu'il n'y a pas lieu de chercher un rapport numérique entre des intensités, qui ne sont pas choses superposables. Car il faudra alors expliquer pourquoi une sensation est dite plus intense qu'une autre sensation, et comment on peut appeler plus grandes ou plus petites des choses qui — on vient de le reconnaître — n'admettent point entre elles des relations de contenant à contenu. Que si, pour couper court à toute question de ce genre, on distingue deux espèces de quantité, l'une intensive, qui comporte seulement le plus et le moins, l'autre extensive, qui se prête à la mesure, on est bien près de donner raison à Fechner et aux psychophysiciens. Car, dès qu'une chose est reconnue susceptible de grandir et de diminuer, il semble naturel de chercher de combien elle diminue, de combien elle grandit. Et parce qu'une mesure de ce genre ne paraît pas directement possible, il ne s'ensuit pas que la science n'y puisse réussir par quelque procédé indirect, soit par une intégration d'éléments infiniment petits, comme le propose Fechner, soit par tout autre moyen détourné. Ou bien donc la sensation est qualité pure, ou, si c'est une grandeur, on doit chercher à la mesurer.

Pour résumer ce qui précède, nous dirons que la notion d'intensité se présente sous un double aspect, selon qu'on étudie les états de conscience représentatifs d'une cause extérieure, ou ceux qui se suffisent à eux-mêmes. Dans le premier cas, la perception de l'intensité consiste dans une certaine évaluation de la grandeur de la cause par une certaine qualité de l'effet : c'est, comme diraient les Écossais, une perception acquise. Dans le second, nous appelons intensité la multiplicité plus ou moins considérable de faits psychiques simples que nous devinons au sein de l'état fondamental : ce n'est plus une perception acquise, mais une perception confuse. D'ailleurs ces deux sens du mot se pénètrent le plus souvent, parce que les faits plus simples qu'une émotion ou qu'un effort enveloppe sont généralement représentatifs, et que la plupart des états représentatifs, étant affectifs en même temps, embrassent eux-mêmes une multiplicité de faits psychiques élémentaires. L'idée d'intensité est donc située au point de jonction de deux courants, dont l'un nous apporte du dehors l'idée de grandeur extensive, et dont l'autre est allé chercher dans les profondeurs de la conscience, pour l'amener à la surface, l'image d'une multiplicité interne. Reste à savoir en quoi cette dernière image consiste, si elle se confond avec celle du nombre, ou si elle en diffère radicalement. Dans le chapitre qui va suivre, nous ne considérerons plus les états de conscience isolément les uns des autres, mais dans leur multiplicité concrète, en tant qu'ils se déroulent dans la pure durée. Et de même que nous nous sommes demandé ce que serait l'intensité d'une sensation représentative si nous n'y introduisions l'idée de sa cause, ainsi nous devrons rechercher maintenant ce que devient la multiplicité de nos états internes, quelle forme affecte la durée, quand on fait abstraction de l'espace où elle se développe. Cette seconde question est autrement importante que la première. Car si la confusion de la qualité avec la quantité se limitait à chacun des faits de conscience pris isolément, elle créerait des obscurités, comme nous venons de le voir, plutôt que des problèmes. Mais en envahissant la série de nos états psychologiques, en introduisant l'espace dans notre conception de la durée, elle corrompt, à leur source même, nos représentations du changement extérieur et du changement interne, du mouvement et de la liberté. De là les sophismes de l'école d'Élée, de là le problème du libre arbitre. Nous insisterons plutôt sur le second point ; mais au lieu de chercher à résoudre la question, nous montrerons l'illusion de ceux qui la posent.

Chapitre II.
De la multiplicité des états de conscience[26]
L'idée de durée

On définit généralement le nombre une collection d'unités ou, pour parler avec plus de précision, la synthèse de l'un et du multiple. Tout nombre est un, en effet, puisqu'on se le représente par une intuition simple de l'esprit et qu'on lui donne un nom ; mais cette unité est celle d'une somme ; elle embrasse une multiplicité de parties qu'on peut considérer isolément. Sans approfondir pour le moment ces notions d'unité et de multiplicité, demandons-nous si l'idée de nombre n'impliquerait pas la représentation de quelque autre chose encore.

Il ne suffit pas de dire que le nombre est une collection d'unités ; il faut ajouter que ces unités sont identiques entre elles, ou du moins qu'on les suppose identiques dès qu'on les compte. Sans doute on comptera les moutons d'un troupeau et l'on dira qu'il y en a cinquante, bien qu'ils se distinguent les uns des autres et que le berger les reconnaisse sans peine ; mais c'est que l'on convient alors de négliger leurs différences individuelles pour ne tenir compte que de leur fonction commune. Au contraire, dès qu'on fixe son attention sur les traits particuliers des objets ou des individus, on peut bien en faire l'énumération,

---

[26] Notre travail était entièrement terminé quand nous avons lu dans la *Critique philosophique* (années 1883 et 1884) une bien remarquable réfutation, par M. F. PILLON, d'un intéressant article de M. G. Noël sur la solidarité des notions de nombre et d'espace. Toutefois, nous n'avons rien trouvé à changer aux pages qu'on va lire, parce que M. Pillon ne distingue pas entre le temps qualité et le temps quantité, entre la multiplicité de juxtaposition et celle de pénétration mutuelle. Sans cette distinction capitale, qui fait le principal objet de notre second chapitre, on pourrait soutenir, avec M. Pillon, que le rapport de coexistence suffit à la construction du nombre. Mais qu'entend-on ici par coexistence ? Si les termes qui coexistent s'organisent ensemble, jamais le nombre n'en sortira ; s'ils demeurent distincts, c'est qu'ils se juxtaposent, et nous voilà dans l'espace. En vain on alléguera l'exemple des impressions simultanées reçues par plusieurs sens. Ou bien on conserve à ces sensations leurs différences spécifiques, ce qui revient à dire qu'on ne les compte pas ; ou bien on fait abstraction de leurs différences, et alors comment les distinguera-t-on sinon par leur position ou par celle de leurs symboles ? Nous allons voir que le verbe distinguer a deux sens, l'un qualitatif, l'autre quantitatif : ces deux sens ont été confondus, croyons-nous, par tous ceux qui ont traité des rapports du nombre avec l'espace.

mais non plus la somme. C'est à ces deux points de vue bien différents qu'on se place quand on compte les soldats d'un bataillon, et quand on en fait l'appel. Nous dirons donc que l'idée de nombre implique l'intuition simple d'une multiplicité de parties ou d'unités, absolument semblables les unes aux autres.

Et pourtant il faut bien qu'elles se distinguent par quelque endroit, puisqu'elles ne se confondent pas en une seule. Supposons tous les moutons du troupeau identiques entre eux ; ils diffèrent au moins par la place qu'ils occupent dans l'espace ; sinon, ils ne formeraient point un troupeau. Mais laissons de côté les cinquante moutons eux-mêmes pour n'en retenir que l'idée. Ou nous les comprenons tous dans la même image, et il faut bien par conséquent que nous les juxtaposions dans un espace idéal ; ou nous répétons cinquante fois de suite l'image d'un seul d'entre eux, et il semble alors que la série prenne place dans la durée plutôt que dans l'espace. Il n'en est rien cependant. Car si je me figure tour à tour, et isolément, chacun des moutons du troupeau, je n'aurai jamais affaire qu'à un seul mouton. Pour que le nombre en aille croissant à mesure que j'avance, il faut bien que je retienne les images successives et que je les juxtapose à chacune des unités nouvelles dont j'évoque l'idée : or c'est dans l'espace qu'une pareille juxtaposition s'opère, et non dans la durée pure. On nous accordera d'ailleurs sans peine que toute opération par laquelle on compte des objets matériels implique la représentation simultanée de ces objets, et que, par là même, on les laisse dans l'espace. Mais cette intuition de l'espace accompagne-t-elle toute idée de nombre, même celle d'un nombre abstrait ?

Pour répondre à cette question, il suffira à chacun de passer en revue les diverses formes que l'idée de nombre a prises pour lui depuis son enfance. On verra que nous avons commencé par imaginer une rangée de boules, par exemple, puis que ces boules sont devenues des points, puis enfin que cette image elle-même s'est évanouie pour ne plus laisser derrière elle, disons-nous, que le nombre abstrait. Mais à ce moment aussi le nombre a cessé d'être imaginé et même d'être pensé ; nous n'avons conservé de lui que le signe, nécessaire au calcul, par lequel on est convenu de l'exprimer. Car on peut fort bien affirmer que 12 est la moitié de 24 sans penser ni le nombre 12 ni le nombre 24 : même, pour la rapidité des opérations, on a tout intérêt à n'en rien faire. Mais, dès qu'on désire se représenter le nombre, et non plus seulement des chiffres ou des mots, force est bien de revenir à une image étendue. Ce qui fait illusion sur ce point, c'est l'habitude contractée de compter dans le temps, semble-t-il, plutôt que dans l'espace. Pour imaginer le nombre cinquante, par exemple, on répétera tous les nombres à partir de l'unité ; et quand on sera arrivé au cinquantième, on croira bien avoir construit ce nombre dans la durée, et dans la durée seulement. Et il est incontestable qu'on aura compté ainsi des moments de la durée, plutôt que des points de l'espace ; mais la question est de savoir si ce n'est pas avec des points de l'espace qu'on aura compté les moments de la durée. Certes, il est possible d'apercevoir dans le temps, et dans le temps seulement, une succession pure et simple, mais non pas une addition, c'est-à-dire une succession qui aboutisse à une somme. Car si une somme s'obtient par la considération successive de différents termes, encore faut-il que chacun de ces termes demeure lorsqu'on passe au suivant, et attende, pour ainsi dire, qu'on l'ajoute aux autres : comment attendrait-il, s'il n'était qu'un instant de la durée ? et où attendrait-il, si nous ne le localisions dans l'espace ? Involontairement, nous fixons en un point de l'espace chacun des moments que nous comptons, et c'est à cette condition seulement que les unités abstraites forment une somme. Sans doute il est possible, comme nous le montrerons plus loin, de concevoir les moments successifs du temps indépendamment de l'espace ; mais lorsqu'on ajoute à l'instant actuel ceux qui le précédaient, comme il arrive quand on additionne des unités, ce n'est pas sur ces instants eux-mêmes qu'on opère, puisqu'ils sont à jamais évanouis, mais bien sur la trace durable qu'ils nous paraissent avoir laissée dans l'espace en le traversant. Il est vrai que nous nous dispensons le plus souvent de recourir à cette image, et qu'après en avoir usé pour les deux ou trois premiers nombres, il nous suffit de savoir qu'elle serverait aussi bien à la représentation des autres, si nous en avions besoin. Mais toute idée claire du nombre implique une vision dans l'espace ; et l'étude directe des unités qui entrent dans la composition d'une multiplicité distincte va nous conduire, sur ce point, à la même conclusion que l'examen du nombre lui-même.

Tout nombre est une collection d'unités, avons-nous dit, et d'autre part tout nombre est une unité lui-même, en tant que synthèse des unités qui le composent. Mais le mot unité est-il pris dans les deux cas avec le même sens ? Quand nous affirmons que le nombre est un, nous entendons par là que nous nous le représentons dans sa totalité par une intuition simple et indivisible de l'esprit : cette unité renferme donc une multiplicité, puisque c'est l'unité d'un tout. Mais lorsque nous parlons des unités qui composent le nombre, ces dernières unités ne sont plus des sommes, pensons-nous, mais bien des unités pures et simples, irréductibles, et destinées à donner la série des nombres en se composant indéfiniment entre elles. Il semble donc qu'il y ait deux espèces d'unités, l'une définitive, qui formera un nombre en s'ajoutant à elle-même, l'autre provisoire, celle de ce nombre qui, multiple en lui-même, emprunte son unité à l'acte simple par lequel l'intelligence l'aperçoit. Et il est incontestable que, lorsque nous nous figurons les unités composantes du nombre, nous croyons penser à des indivisibles : cette croyance entre pour une forte part dans l'idée qu'on pourrait concevoir le nombre indépendamment de l'espace.

Toutefois, en y regardant de plus près, on verra que toute unité est celle d'un acte simple de l'esprit, et que, cet acte consistant à unir, il faut bien que quelque multiplicité lui serve de matière. Sans doute, au moment où je pense chacune de ces unités isolément, je la considère comme indivisible, puisqu'il est entendu que je ne pense qu'à elle. Mais dès que je la laisse de côté pour passer à la suivante, je l'objective, et par là même j'en fais une chose, c'est-à-dire une multiplicité. Il suffira, pour s'en convaincre, de remarquer que les unités avec lesquelles l'arithmétique forme des nombres sont des unités provisoires, susceptibles de se morceler indéfiniment, et que chacune d'elles constitue une somme de quantités fractionnaires, aussi petites et aussi nombreuses qu'on voudra l'imaginer. Comment diviserait-on l'unité, s'il s'agissait ici de cette unité définitive qui caractérise un acte simple de l'esprit ? Comment la fractionnerait-on tout en la déclarant une, si on ne la considérait implicitement comme un objet étendu, un dans l'intuition, multiple dans l'espace ? Vous ne tirerez jamais d'une idée par vous construite ce que vous n'y aurez point mis, et si l'unité avec laquelle vous composez votre nombre est l'unité d'un acte, et non d'un objet, aucun effort d'analyse n'en fera sortir autre chose, que l'unité pure ou simple. Sans doute, quand vous égalez le nombre 3 à la somme 1 + 1 + 1, rien ne vous empêche de tenir pour indivisibles les unités qui le composent : mais c'est que vous n'utilisez point la multiplicité dont chacune de ces unités est grosse. Il est d'ailleurs probable que le nombre 3 se présente d'abord sous cette forme simple à notre esprit, parce que nous songerons plutôt à la manière dont nous l'avons obtenu qu'à l'usage que nous en pourrions faire. Mais nous ne tardons pas à nous apercevoir que, si toute multiplication implique la possibilité de traiter un nombre quelconque comme une unité provisoire qui s'ajoutera à elle-même, inversement les unités à leur tour sont de véritables nombres, aussi grands qu'on voudra, mais que l'on considère comme provisoirement indécomposables pour les composer entre eux. Or, par cela même que l'on admet la possibilité de diviser l'unité en autant de parties que l'on voudra, on la tient pour étendue.

Il ne faudrait pas se faire illusion, en effet, sur la discontinuité du nombre. On ne saurait contester que la formation ou construction d'un nombre implique la discontinuité. En d'autres termes, ainsi que nous le disions plus haut, chacune des unités avec lesquelles je forme le nombre trois paraît constituer un indivisible pendant que j'opère sur elle, et je passe sans transition de celle qui précède à celle qui suit. Que si maintenant je construis le même nombre avec des demis, des quarts, des unités quelconques, ces unités constitueront encore, en tant qu'elles serviront à former ce nombre, des éléments provisoirement indivisibles, et c'est toujours par saccades, par sauts brusques pour ainsi dire, que nous irons de l'une à l'autre. Et la raison en est que, pour obtenir un nombre, force est bien de fixer son attention, tour à tour, sur chacune des unités qui le composent. L'indivisibilité de l'acte par lequel on conçoit l'une quelconque d'entre elles se traduit alors sous forme d'un point mathématique, qu'un intervalle vide d'espace sépare du point suivant. Mais, si une série de points mathématiques échelonnés dans l'espace vide exprime assez bien le processus par lequel nous formons l'idée de nombre, ces points mathématiques ont une tendance à se développer en lignes à mesure que notre attention se détache d'eux, comme s'ils cherchaient à se rejoindre les uns les autres. Et quand nous considérons le nombre à l'état d'achèvement, cette jonction est un fait accompli : les points sont devenus des lignes, les divisions se sont effacées, l'ensemble présente tous les caractères de la continuité. C'est pourquoi le nombre, composé selon une loi déterminée, est décomposable selon une loi quelconque. En un mot, il faut distinguer entre l'unité à laquelle on pense et l'unité qu'on érige en chose après y avoir pensé, comme aussi entre le nombre en voie de formation et le nombre une fois formé. L'unité est irréductible pendant qu'on la pense, et le nombre est discontinu pendant qu'on le construit : mais dès que l'on considère le nombre à l'état d'achèvement, on l'objective : et c'est précisément pourquoi il apparaît alors indéfiniment divisible. Remarquons, en effet, que nous appelons subjectif ce qui paraît entièrement et adéquatement connu, objectif ce qui est connu de telle manière qu'une multitude toujours croissante d'impressions nouvelles pourrait être substituée à l'idée que nous en avons actuellement. Ainsi un sentiment complexe contiendra un assez grand nombre d'éléments plus simples ; mais, tant que ces éléments ne se dégageront pas avec une netteté parfaite, on ne pourra pas dire qu'ils étaient entièrement réalisés, et, dès que la conscience en aura la perception distincte, l'état psychique qui résulte de leur synthèse aura par là même changé. Mais rien ne change à l'aspect total d'un corps, de quelque manière que la pensée le décompose, parce que ces diverses décompositions, ainsi qu'une infinité d'autres, sont déjà visibles dans l'image, quoique non réalisées : cette aperception actuelle, et non pas seulement virtuelle, de subdivisions dans l'indivisé est précisément ce que nous appelons objectivité. Dès lors, il devient aisé de faire la part exacte du subjectif et de l'objectif dans l'idée de nombre. Ce qui appartient en propre à l'esprit, c'est le processus indivisible par lequel il fixe son attention successivement sur les diverses parties d'un espace donné ; mais les parties ainsi isolées se conservent pour s'ajouter à d'autres, et une fois additionnées entre elles se prêtent à une décomposition quelconque : ce sont donc bien des parties d'espace, et l'espace est la matière avec laquelle l'esprit construit le nombre, le milieu où l'esprit le place.

A vrai dire, c'est l'arithmétique qui nous apprend à morceler indéfiniment les unités dont le nombre est fait. Le sens commun est assez porté à construire le nombre avec des indivisibles. Et cela se conçoit sans peine, puisque la simplicité provisoire des unités composantes est précisément ce qui leur vient de l'esprit, et que celui-ci prête plus d'attention à ses actes qu'à la matière sur laquelle il agit. La science se borne à attirer notre regard sur cette matière : si nous ne localisions déjà le nombre dans l'espace, elle ne réussirait certes pas à nous l'y faire transporter. Il faut donc bien que, dès l'origine nous nous soyons représenté le nombre par une juxtaposition dans l'espace. C'est la conclusion à laquelle nous avions abouti d'abord, en nous fondant sur ce que toute addition implique une multiplicité de parties, perçues simultanément.

Or, si l'on admet cette conception du nombre, on verra que toutes choses ne se comptent pas de la même manière, et qu'il y a deux espèces bien différentes de multiplicité. Quand nous parlons d'objets matériels, nous faisons allusion à la possibilité de les voir et de les toucher ; nous les localisons dans l'espace. Dès lors, aucun effort d'invention ou de représentation symbolique ne nous est nécessaire pour les compter ; nous n'avons qu'à les penser séparément d'abord, simultanément ensuite, dans le milieu même où ils se présentent à notre observation. Il n'en est plus de même si nous considérons des états purement affectifs de l'âme, ou même des représentations autres que celles de la vue et du toucher. Ici, les termes n'étant plus donnés dans l'espace, on ne pourra guère les compter, semble-t-il, a priori, que par quelque processus de figuration symbolique. Il est vrai que ce mode de représentation paraît tout indiqué lorsqu'il s'agit de sensations dont la cause est évidemment située dans l'espace. Ainsi, quand j'entends un bruit de pas dans la rue, je vois confusément la personne qui marche ; chacun des sons successifs se localise alors en un point de l'espace où le marcheur pourrait poser le pied ; je compte mes sensations dans l'espace même où leurs causes tangibles s'alignent. Peut-être quelques-uns comptent-ils d'une manière analogue les coups successifs d'une cloche lointaine leur imagination se figure la cloche qui va et qui vient cette représentation de nature spatiale leur suffit pour les deux premières unités ; les autres unités suivent naturellement. Mais la plupart des esprits ne procèdent pas ainsi : ils alignent les sons successifs dans un espace idéal, et s'imaginent compter alors les sons dans la pure durée. Il faut pourtant s'entendre sur ce point. Certes, les sons de la cloche m'arrivent successivement ; mais de deux choses l'une. Ou je retiens chacune de ces sensations successives pour l'organiser avec les autres et former un groupe qui me rappelle un air ou un rythme connu : alors je ne compte pas les sons, je me borne à recueillir l'impression pour ainsi dire qualitative que leur nombre fait sur moi. Ou bien je me propose explicitement de les compter, et il faudra bien alors que je les dissocie, et que cette dissociation s'opère dans quelque milieu homogène où les sons, dépouillés de leurs qualités, vidés en quelque sorte, laissent des traces identiques de leur passage. Reste à savoir, il est vrai, si ce milieu est du temps ou de l'espace. Mais un moment du temps, nous le répétons, ne saurait se conserver pour s'ajouter à d'autres. Si les sons se dissocient, c'est qu'ils laissent entre eux des intervalles vides. Si on les compte, c'est que les intervalles demeurent entre les sons qui passent : comment ces intervalles demeureraient-ils, s'ils étaient durée pure, et non pas espace ? C'est donc bien dans l'espace que s'effectue l'opération. Elle devient d'ailleurs de plus en plus difficile à mesure que nous pénétrons plus avant dans les profondeurs de la conscience. Ici nous nous trouvons en présence d'une multiplicité confuse de sensations et de sentiments que l'analyse seule distingue. Leur nombre se confond avec le nombre même des moments qu'ils remplissent quand nous les comptons ; mais ces moments susceptibles de s'additionner entre eux sont encore des points de l'espace. D'où résulte enfin qu'il y a deux espèces de multiplicité : celle des objets matériels, qui forme un nombre immédiatement, et celle des faits de conscience, qui ne saurait prendre l'aspect d'un nombre sans l'intermédiaire de quelque représentation symbolique, où intervient nécessairement l'espace.

À vrai dire, chacun de nous établit une distinction entre ces deux espèces de multiplicité quand il parle de l'impénétrabilité de la matière. On érige parfois l'impénétrabilité en propriété fondamentale des corps, connue de la même manière et admise au même titre que la pesanteur ou la résistance par exemple. Cependant une propriété de ce genre, purement négative, ne saurait nous être révélée par les sens ; même, certaines expériences de mélange et de combinaison nous amèneraient à la révoquer en doute, si notre conviction n'était faite sur ce point. Imaginez qu'un corps pénètre un autre corps : vous supposerez aussitôt dans celui-ci des vides où les particules du premier viendront se loger ; ces particules à leur tour ne pourront se pénétrer que si l'une d'elles se divise pour remplir les interstices de l'autre ; et notre pensée continuera cette opération indéfiniment plutôt que de se représenter deux corps à la même place. Or, si l'impénétrabilité était réellement une qualité de la matière, connue par les sens, on ne voit pas pourquoi nous éprouverions plus de difficulté à concevoir deux corps se fondant l'un dans l'autre qu'une surface sans résistance ou un fluide impondérable. De fait, ce n'est pas une nécessité d'ordre physique, c'est une nécessité logique qui s'attache à la proposition suivante : deux corps ne sauraient occuper en même temps le même lieu. L'affirmation contraire renferme une absurdité qu'aucune expérience concevable ne réussirait à dissiper : bref, elle implique contradiction. Mais cela ne revient-il pas à reconnaître que l'idée même du nombre deux, ou plus généralement d'un nombre quelconque, renferme celle d'une juxtaposition dans l'espace ? Si l'impénétrabilité passe le plus souvent pour une qualité de la matière, c'est parce que l'on considère l'idée du nombre comme indépendante de l'idée d'espace. On croit alors ajouter quelque chose à la représentation de deux ou plusieurs objets en disant qu'ils ne sauraient occuper le même lieu : comme si la représentation du nombre deux, même abstrait, n'était pas déjà, comme nous l'avons montré, celle de deux positions différentes dans l'espace ! Poser l'impénétrabilité de la matière, c'est donc simplement reconnaître la solidarité des notions de nombre et d'espace, c'est énoncer une propriété du nombre, plutôt que de la matière. — Pourtant on compte des sentiments, des sensations, des idées, toutes choses qui se pénètrent les unes les autres et qui, chacune de son côté, occupent l'âme tout entière ? — Oui, sans doute, mais précisément parce qu'elles se pénètrent, on ne les compte qu'à la condition de les représenter par des unités homogènes, occupant des places distinctes dans l'espace, des unités qui ne se pénètrent plus par conséquent. L'impénétrabilité fait donc son apparition en même temps que le nombre ; et lorsqu'on attribue cette qualité à la matière pour la distinguer de tout ce qui n'est point elle, on se borne à énoncer sous une autre forme la distinction que nous établissions plus haut entre les choses étendues, qui se peuvent traduire immédiatement en nombre, et les faits de conscience, qui impliquent d'abord une représentation symbolique dans l'espace.

Il convient de s'arrêter sur ce dernier point. Si, pour compter les faits de conscience, nous devons les représenter symboliquement dans l'espace, n'est-il pas vraisemblable que cette représentation symbolique modifiera les conditions normales de la perception interne ? Rappelons-nous ce que nous disions un peu plus haut de l'intensité de certains états psychiques. La sensation représentative, envisagée en elle-même, est qualité pure ; mais vue à travers l'étendue, cette qualité devient quantité en un certain sens ; on l'appelle intensité. Ainsi la projection que nous faisons de nos états psychiques dans l'espace pour en former une multiplicité distincte doit influer sur ces états eux-mêmes, et leur donner dans la conscience réfléchie une forme nouvelle, que l'aperception immédiate ne leur attribuait pas. Or remarquons que, lorsque nous parlons du temps, nous pensons le plus souvent à un milieu homogène où nos faits de conscience s'alignent, se juxtaposent comme dans l'espace, et réussissent à former une multiplicité distincte. Le temps ainsi compris ne serait-il pas à la multiplicité de nos états psychiques ce que l'intensité est à certains d'entre eux, un signe, un symbole, absolument distinct de la vraie durée ? Nous allons donc demander à la conscience de s'isoler du monde extérieur, et, par un vigoureux effort d'abstraction, de redevenir elle-même. Nous lui poserons alors cette question : la multiplicité de nos états de conscience a-t-elle la moindre analogie avec la multiplicité des unités d'un nombre ? La vraie durée a-t-elle le moindre rapport avec l'espace ? Certes, notre analyse de l'idée de nombre devrait nous faire douter de celle analogie, pour ne pas dire davantage. Car si le temps, tel que se le représente la conscience réfléchie, est un milieu où nos états de conscience se succèdent distinctement de manière à pouvoir se compter, et si, d'autre part, notre conception du nombre aboutit à éparpiller dans l'espace tout ce qui se compte directement, il est à présumer que le temps, entendu au sens d'un milieu où l'on distingue et où l'on compte, n'est que de l'espace. Ce qui confirmerait d'abord cette opinion, c'est qu'on emprunte nécessairement à l'espace, les images par lesquelles on décrit le sentiment que la conscience réfléchie a du temps et même de la succession : il faut donc que la pure durée soit autre chose. Mais ces questions, que nous sommes amenés à nous poser par l'analyse même de la notion de multiplicité distincte, nous ne pourrons les élucider que par une étude directe des idées d'espace et de temps, dans les rapports qu'elles soutiennent entre elles.

On aurait tort d'attribuer une trop grande importance à la question de la réalité absolue de l'espace : autant vaudrait peut-être se demander si l'espace est ou n'est pas dans l'espace. En somme, nos sens perçoivent les qualités des corps, et l'espace avec elles : la grosse difficulté paraît avoir été de démêler si l'étendue est un aspect de ces qualités physiques — une qualité de la qualité — ou si ces qualités sont inétendues par essence, l'espace venant s'y ajouter, mais se suffisant à lui-même, et subsistant sans elles. Dans la première hypothèse, l'espace se réduirait à une abstraction, ou pour mieux dire à un extrait, il exprimerait ce que certaines sensations, dites représentatives, ont de commun entre elles. Dans la seconde, ce serait une réalité aussi solide que ces sensations mêmes, quoique d'un autre ordre. On doit à Kant la formule précise de cette dernière conception : la théorie qu'il développe dans *l'Esthétique transcendantale* consiste à doter l'espace d'une existence indépendante de son contenu, à déclarer isolable en droit ce que chacun de nous sépare en fait, et à ne pas voir dans l'étendue une abstraction comme les autres. En ce sens, la conception kantienne de l'espace diffère moins qu'on ne se l'imagine de la croyance populaire. Bien loin d'ébranler notre foi à la réalité de l'espace, Kant en a déterminé le sens précis et en a même apporté la justification.

Il ne semble pas, d'ailleurs, que la solution donnée par Kant ait été sérieusement contestée depuis ce philosophe ; même, elle s'est imposée — parfois à leur insu — à la plupart de ceux qui ont de nouveau abordé le problème, nativistes ou empiristes. Les psychologues sont d'accord pour attribuer une origine kantienne à l'explication nativistique de Jean Muller ; mais l'hypothèse des signes locaux de Lotze, la théorie de Bain, et l'explication plus compréhensive proposée par Wundt paraîtront, au premier abord, tout à fait indépendantes de *l'Esthétique transcendantale*. Les auteurs de ces théories semblent, en effet, avoir laissé de côté le problème de la nature de l'espace pour rechercher seulement par quel processus nos sensations viennent y prendre place et se juxtaposer, pour ainsi dire, les unes aux autres : mais, par là même, ils considèrent les sensations comme inextensives, et établissent, à la manière de Kant, une distinction radicale entre la matière de la représentation et sa forme. Ce qui ressort des idées de Lotze, de Bain et de la conciliation que Wundt paraît en avoir tentée, c'est que les sensations par lesquelles nous arrivons à former la notion d'espace sont inétendues elles-mêmes et simplement qualitatives : l'étendue résulterait de leur synthèse, comme l'eau de la combinaison de deux gaz. Les explications empiristiques ou génétiques ont donc bien repris le problème de l'espace au point précis où Kant l'avait laissé : Kant a détaché l'espace de son contenu ; les empiristes cherchent comment ce contenu, isolé de l'espace par notre pensée, arriverait à y reprendre place. Il est vrai qu'ils paraissent avoir méconnu ensuite l'activité de l'intelligence, et qu'ils inclinent visiblement à engendrer la forme extensive de notre représentation par une espèce d'alliance des sensations entre elles : l'espace, sans être extrait des sensations, résulterait de leur coexistence. Mais comment expliquer une pareille genèse sans une intervention active de l'esprit ? L'extensif diffère par hypothèse de l'inextensif ; et à supposer que l'extension ne soit qu'un rapport entre des termes inextensifs, encore faut-il que ce rapport soit établi par un esprit capable d'associer ainsi plusieurs termes. En vain on alléguera l'exemple des combinaisons chimiques, où le tout paraît revêtir, de lui-même, une forme et des qualités qui n'appartenaient à aucun des atomes élémentaires. Cette forme, ces qualités naissent précisément de ce que nous embrassons la multiplicité des atomes dans une aperception unique : supprimez l'esprit qui opère cette synthèse, et vous anéantirez aussitôt les qualités, c'est-à-dire l'aspect sous lequel se présente à notre conscience la synthèse des parties élémentaires. Ainsi, des sensations inextensives resteront ce qu'elles sont, sensations inextensives, si rien ne s'y ajoute. Pour que l'espace naisse de leur coexistence, il faut un acte de l'esprit qui les embrasse toutes à la fois et les juxtapose ; cet acte *sui generis* ressemble assez à ce que Kant appelait une forme a priori de la sensibilité.

Que si maintenant on cherchait à caractériser cet acte, on verrait qu'il consiste essentiellement dans l'intuition ou plutôt dans la conception d'un milieu vide homogène. Car il n'y a guère d'autre définition possible de l'espace : c'est ce qui nous permet de distinguer l'une de l'autre plusieurs sensations identiques et simultanées : c'est donc un principe de différenciation autre que celui de la différenciation qualitative, et, par suite, une réalité sans qualité. Dira-t-on, avec les partisans de la théorie des signes locaux, que des sensations simultanées ne sont jamais identiques, et que, par suite de la diversité des éléments organiques qu'ils influencent, il n'y a pas deux points d'une surface homogène qui produisent sur la vue ou sur le toucher la même impression ? Nous l'accorderons sans peine, car si ces deux points nous affectaient de la même manière, il n'y aurait aucune raison pour placer l'un d'eux à droite plutôt qu'à gauche. Mais précisément parce que nous interprétons ensuite cette différence de qualité dans le sens d'une différence de situation, il faut bien que nous ayons l'idée claire d'un milieu homogène, c'est-à-dire d'une simultanéité de termes qui, identiques en qualité, se distinguent néanmoins les uns des autres. Plus on insistera sur la différence des impressions faites sur notre rétine par deux points d'une surface homogène, plus seulement on fera de place à l'activité de l'esprit, qui aperçoit sous forme d'homogénéité étendue ce qui lui est donné comme hétérogénéité qualitative. Nous estimons d'ailleurs que si la représentation d'un espace homogène est due à un effort de l'intelligence, inversement il doit y avoir dans les qualités mêmes qui différencient deux sensations une raison en vertu de laquelle elles occupent dans l'espace telle ou telle place déterminée. Il faudrait donc distinguer entre la perception de l'étendue et la conception de l'espace : elles sont sans doute impliquées l'une dans l'autre, mais, plus on s'élèvera dans la série des êtres intelligents, plus se dégagera avec netteté l'idée indépendante d'un espace homogène. En ce sens, il est douteux que l'animal perçoive le monde extérieur absolument comme nous, et surtout qu'il s'en représente tout à fait comme nous l'extériorité. Les naturalistes ont signalé, comme un fait digne de remarque, l'étonnante facilité avec laquelle beaucoup de vertébrés et même quelques insectes arrivent à se diriger dans l'espace. On a vu des animaux revenir presque en ligne droite à leur ancienne demeure, parcourant, sur une longueur qui peut atteindre plusieurs centaines de kilomètres, un chemin qu'ils ne connaissaient pas encore. On a essayé d'expliquer ce sentiment de la direction par la vue ou l'odorat, et plus récemment par une perception des courants magnétiques, qui permettrait à l'animal de s'orienter comme une boussole. Cela revient à dire que l'espace n'est pas aussi homogène pour l'animal que pour nous, et que les déterminations de l'espace, ou directions, ne revêtent point pour lui une forme purement géométrique. Chacune d'elles lui apparaîtrait avec sa nuance, avec sa qualité propre. On comprendra la possibilité d'une perception de ce genre, si l'on songe que nous distinguons nous-mêmes notre droite de notre gauche par un sentiment naturel, et que ces deux déterminations de notre propre étendue, nous présentent bien alors une différence de qualité ; c'est même pourquoi nous échouons à les définir. A vrai dire, les différences qualitatives sont partout dans la nature ; et l'on ne voit pas pourquoi deux directions concrètes ne seraient point aussi marquées dans l'aperception immédiate que deux couleurs. Mais la conception d'un milieu vide homogène est chose autrement extraordinaire, et paraît exiger une espèce de réaction contre cette hétérogénéité qui constitue le fond même de notre expérience. Il ne faudrait donc pas dire seulement que certains animaux ont un sens spécial de la direction, mais encore et surtout que nous avons la faculté spéciale de percevoir ou de concevoir un espace sans qualité. Cette faculté n'est point celle d'abstraire : même, si l'on remarque que l'abstraction suppose des distinctions nettement tranchées et une espèce d'extériorité des concepts ou de leurs symboles les uns par rapport aux autres, on trouvera que la faculté d'abstraire implique déjà l'intuition d'un milieu homogène. Ce qu'il faut dire, c'est que nous connaissons deux réalités d'ordre différent, l'une hétérogène, celle des qualités sensibles, l'autre homogène, qui est l'espace. Cette dernière, nettement conçue par l'intelligence humaine, nous met à même d'opérer des distinctions tranchées, de compter, d'abstraire, et peut-être aussi de parler.

Or, si l'espace doit se définir l'homogène, il semble qu'inversement tout milieu homogène et indéfini sera espace. Car l'homogénéité consistant ici dans l'absence de toute qualité, on ne voit pas comment deux formes de l'homogène se distingueraient l'une de l'autre. Néanmoins on s'accorde à envisager le temps comme un milieu indéfini, différent de l'espace, mais homogène comme lui : l'homogène revêtirait ainsi une double forme, selon qu'une coexistence ou une succession le remplit. Il est vrai que lorsqu'on fait du temps un milieu homogène où les états de conscience paraissent se dérouler, on se le donne par là même tout d'un coup, ce qui revient à dire qu'on le soustrait à la durée. Cette simple réflexion devrait nous avertir que nous retombons alors inconsciemment sur l'espace. D'autre part, on conçoit que les choses matérielles, extérieures les unes aux autres et extérieures à nous, empruntent ce double caractère à l'homogénéité d'un milieu qui établisse des intervalles entre elles et en fixe les contours : mais les faits de conscience, même successifs, se pénètrent, et dans le plus simple d'entre eux peut se réfléchir l'âme entière. Il y aurait donc lieu de se demander si le temps, conçu sous la forme d'un milieu homogène, ne serait pas un concept bâtard, dû à l'intrusion de l'idée d'espace dans le domaine de la conscience pure. De toute manière, on ne saurait admettre définitivement deux formes de l'homogène, temps et espace, sans rechercher d'abord si l'une d'elles ne serait pas réductible à l'autre. Or l'extériorité est le caractère propre des choses qui occupent de l'espace, tandis que les faits de conscience ne sont point essentiellement extérieurs, les uns aux autres, et ne le deviennent que par un déroulement dans le temps, considéré comme un milieu homogène. Si donc l'une de ces deux prétendues formes de l'homogène, temps et espace, dérive de l'autre, on peut affirmer a priori que l'idée d'espace est la donnée fondamentale. Mais, abusés par la simplicité apparente de l'idée de temps, les philosophes qui ont essayé d'une réduction de ces deux idées ont cru pouvoir construire la représentation de l'espace avec celle de la durée. En montrant le vice de cette théorie, nous ferons voir comment le temps, conçu sous la forme d'un milieu indéfini et homogène, n'est que le fantôme de l'espace obsédant la conscience réfléchie.

L'école anglaise s'efforce en effet de ramener les rapports d'étendue à des rapports plus ou moins complexes de succession dans la durée. Quand, les yeux fermés, nous promenons la main le long d'une surface, le frottement de nos doigts contre cette surface et surtout le jeu varié de nos articulations nous procurent une série de sensations, qui ne se distinguent que par leurs qualités, et qui présentent un certain ordre dans le temps. D'autre part, l'expérience nous avertit que cette série est réversible, que nous pourrions, par un effort de nature différente (ou, comme nous dirons plus tard, en sens opposé) nous procurer à nouveau, dans un ordre inverse, les mêmes sensations : les rapports de situation dans l'espace se définiraient alors, si l'on peut parler ainsi, des rapports réversibles de succession dans la durée. Mais une pareille définition renferme un cercle vicieux, ou tout au moins une idée bien superficielle de la durée. Il y a en effet, comme nous le montrerons en détail un peu plus loin, deux conceptions possibles de la durée, l'une pure de tout mélange, l'autre où intervient subrepticement l'idée d'espace. La durée toute pure est la forme que prend la succession de nos états de conscience quand notre moi se laisse vivre, quand il s'abstient d'établir une séparation entre l'état présent et les états antérieurs. Il n'a pas besoin, pour cela, de s'absorber tout entier dans la sensation ou l'idée qui passe, car alors, au contraire, il cesserait de durer. Il n'a pas besoin non plus d'oublier les états antérieurs : il suffit qu'en se rappelant ces états il ne les juxtapose pas à l'état actuel comme un point à un autre point, mais les organise avec lui, comme il arrive quand nous nous rappelons, fondues pour ainsi dire ensemble, les notes d'une mélodie. Ne pourrait-on pas dire que, si ces notes se succèdent, nous les apercevons néanmoins les unes dans les autres, et que leur ensemble est comparable à un être vivant, dont les parties, quoique distinctes, se pénètrent par l'effet même de leur solidarité ? La preuve en est que si nous rompons la mesure en insistant plus que de raison sur une note de la mélodie, ce n'est pas sa longueur exagérée, en tant que longueur, qui nous avertira de notre faute, mais le changement qualitatif apporté par là à l'ensemble de la phrase musicale. On peut donc concevoir la succession sans la distinction, et comme une pénétration mutuelle, une solidarité, une organisation intime d'éléments, dont chacun représentatif du tout, ne s'en distingue et ne s'en isole que pour une pensée capable d'abstraire. Telle est sans aucun doute la représentation que se ferait de la durée un être à la fois identique et changeant, qui n'aurait aucune idée de l'espace. Mais familiarisés avec cette dernière idée, obsédés même par elle, nous l'introduisons à notre insu dans notre représentation de la succession pure ; nous juxtaposons nos états de conscience de manière à les apercevoir simultanément, non plus l'un dans l'autre, mais l'un à côté de l'autre ; bref, nous projetons le temps dans l'espace, nous exprimons la durée en étendue, et la succession prend pour nous la forme d'une ligne continue ou d'une chaîne, dont les parties se touchent sans se pénétrer. Remarquons que cette dernière image implique la perception, non plus successive, mais simultanée, de l'avant et de l'après, et qu'il y aurait contradiction à supposer une succession, qui ne fût que succession, et qui tînt néanmoins dans un seul et même instant. Or, quand on parle d'un ordre de succession dans la durée, et de la réversibilité de cet ordre, la succession dont il s'agit est-elle la succession pure, telle que nous la définissions plus haut et sans mélange d'étendue, ou la succession se développant en espace, de telle manière qu'on en puisse embrasser à la fois plusieurs termes séparés et juxtaposés ? La réponse n'est pas douteuse : on ne saurait établir un ordre entre des termes sans les distinguer d'abord, sans comparer ensuite les places qu'ils occupent on les aperçoit donc multiples, simultanés et distincts en un mot, on les juxtapose, et si l'on établit un ordre dans le successif, c'est que la succession devient simultanéité et se projette dans l'espace. Bref, lorsque le déplacement de mon doigt le long d'une surface ou d'une ligne me procurera une série de sensations de qualités diverses, il arrivera de deux choses l'une : ou je me figurerai ces sensations dans la durée seulement, mais elles se succéderont alors de telle manière que je ne puisse, à un moment donné, me représenter plusieurs d'entre elles comme simultanées et pourtant distinctes ; — ou bien je discernerai un ordre de succession, mais c'est qu'alors j'ai la faculté, non seulement de percevoir une succession de termes, mais encore de les aligner ensemble après les avoir distingués ; en un mot, j'ai déjà l'idée d'espace. L'idée d'une série réversible dans la durée, ou même simplement d'un certain ordre de succession dans le temps, implique donc elle-même la représentation de l'espace, et ne saurait être employée à le définir.

Pour mettre cette argumentation sous une forme plus rigoureuse, imaginons une ligne droite, indéfinie, et sur cette ligne un point matériel A qui se déplace. Si ce point prenait conscience de lui-même, il se sentirait changer, puisqu'il se meut : il apercevrait une succession ; mais cette succession revêtirait-elle pour lui la forme d'une ligne ? Oui, sans doute, à condition qu'il pût s'élever en quelque sorte au-dessus de la ligne qu'il parcourt et en apercevoir simultanément plusieurs points juxtaposés : mais par là même il formerait l'idée d'espace, et c'est dans l'espace qu'il verrait se dérouler les changements qu'il subit, non dans la pure durée. Nous touchons ici du doigt l'erreur de ceux qui considèrent la pure durée comme chose analogue à l'espace, mais de nature plus simple. Ils se plaisent à juxtaposer les états psychologiques, à en former une chaîne ou une ligne, et ne s'imaginent point faire intervenir dans cette opération l'idée d'espace proprement dite, l'idée d'espace dans sa totalité, parce que l'espace est un milieu à trois dimensions. Mais qui ne voit que, pour apercevoir une ligne sous forme de ligne, il faut se placer en dehors d'elle, se rendre compte du vide qui l'entoure, et penser par conséquent un espace à trois dimensions ? Si notre point conscient A n'a pas encore l'idée d'espace — et c'est bien dans cette hypothèse que nous devons nous placer — la succession des états par lesquels il passe ne saurait revêtir pour lui la forme d'une ligne ; mais ses sensations s'ajouteront dynamiquement les unes aux autres, et s'organiseront entre elles comme font les notes successives d'une mélodie par laquelle nous nous laissons bercer. Bref, la pure durée pourrait bien n'être qu'une succession de changements qualitatifs qui se fondent, qui se pénètrent, sans contours précis, sans aucune tendance à s'extérioriser les uns par rapport aux autres, sans aucune parenté avec le nombre : ce serait l'hétérogénéité pure. Mais nous n'insisterons pas, pour le moment, sur ce point : qu'il nous suffise d'avoir montré que, dès l'instant où l'on attribue la moindre homogénéité à la durée, on introduit subrepticement l'espace.

Il est vrai que nous comptons les moments successifs de la durée, et que, par ses rapports avec le nombre, le temps nous apparaît d'abord comme une grandeur mesurable, tout à fait analogue à l'espace. Mais il y a ici une importante distinction à faire. Je dis par exemple qu'une minute vient de s'écouler, et j'entends par là qu'un pendule, battant la seconde, a exécuté soixante oscillations. Si je me représente ces soixante oscillations tout d'un coup et par une seule aperception de l'esprit, j'exclus par hypothèse l'idée d'une succession : je pense, non à soixante battements qui se succèdent, mais à soixante points d'une ligne fixe, dont chacun symbolise, pour ainsi dire, une oscillation du pendule. — Si, d'autre part, je veux me représenter ces soixante oscillations successivement, mais sans rien changer à leur mode de production dans l'espace, je devrai penser à chaque oscillation en excluant le souvenir de la précédente, car l'espace n'en a conservé aucune trace : mais par là même je me condamnerai à demeurer sans cesse dans le présent ; je renoncerai à penser une succession ou une durée. Que si enfin je conserve, joint à l'image de l'oscillation présente, le souvenir de l'oscillation qui la précédait, il arrivera de deux choses l'une : ou je juxtaposerai les deux images, et nous retombons alors sur notre première hypothèse ; ou je les apercevrai l'une dans l'autre, se pénétrant et s'organisant entre elles comme les notes d'une mélodie, de manière à former ce que nous appellerons une multiplicité indistincte ou qualitative, sans aucune ressemblance avec le nombre : j'obtiendrai ainsi l'image de la durée pure, mais aussi je me serai entièrement dégagé de l'idée d'un milieu homogène ou d'une quantité mesurable. En interrogeant soigneusement la conscience, on reconnaîtra qu'elle procède ainsi toutes les fois qu'elle s'abstient de représenter la durée symboliquement. Quand les oscillations régulières du balancier nous invitent au sommeil, est-ce le dernier son entendu, le dernier mouvement perçu qui produit cet effet ? Non, sans doute, car on ne comprendrait pas pourquoi le premier n'eût point agi de même. Est-ce, juxtaposé au dernier son ou au dernier mouvement, le souvenir de ceux qui précèdent ? Mais ce même souvenir, se juxtaposant plus tard à un son ou à un mouvement unique, demeurera inefficace. Il faut donc admettre que les sons se composaient entre eux, et agissaient, non pas par leur quantité en tant que quantité, mais par la qualité que leur quantité présentait, c'est-à-dire par l'organisation rythmique de leur ensemble. Comprendrait-on autrement l'effet d'une excitation faible et continue ? Si la sensation restait identique à elle-même, elle demeurerait indéfiniment faible, indéfiniment supportable. Mais la vérité est que chaque surcroît d'excitation s'organise avec les excitations précédentes, et que l'ensemble nous fait l'effet d'une phrase musicale qui serait toujours sur le point de finir et sans cesse se modifierait dans sa totalité par l'addition de quelque note nouvelle. Si nous affirmons que c'est toujours la même sensation, c'est que nous songeons, non à la sensation même, mais à sa cause objective, située dans l'espace. Nous la déployons alors dans l'espace à son tour, et au lieu d'un organisme qui se développe, au lieu de modifications qui se pénètrent les unes les autres, nous apercevons une même sensation s'étendant en longueur, pour ainsi dire, et se juxtaposant indéfiniment à elle-même. La vraie durée, celle que la conscience perçoit, devrait donc être rangée parmi les grandeurs dites intensives, si toutefois les intensités pouvaient s'appeler des grandeurs ; à vrai dire, ce n'est pas une quantité, et dès qu'on essaie de la mesurer, on lui substitue inconsciemment de l'espace.

Mais nous éprouvons une incroyable difficulté à nous représenter la durée dans sa pureté originelle ; et cela tient, sans doute, à ce que nous ne durons pas seuls : les choses extérieures, semble-t-il, durent comme nous, et le temps, envisagé de ce dernier point de vue, a tout l'air d'un milieu homogène. Non seulement les moments de cette durée paraissent extérieurs les uns aux autres, comme le seraient des corps dans l'espace, mais le mouvement perçu par nos sens est le signe en quelque sorte palpable d'une durée homogène et mesurable. Bien plus, le temps entre dans les formules de la mécanique, dans les calculs de l'astronome et même du physicien, sous forme de quantité. On mesure la vitesse d'un mouvement, ce qui implique que le temps lui aussi, est une grandeur. L'analyse même que nous venons de tenter demande à être complétée, car si la durée proprement dite ne se mesure pas, qu'est-ce donc que les oscillations du pendule mesurent ? À la rigueur, on admettra que la durée interne, perçue par la conscience, se confond avec l'emboîtement des faits de conscience les uns dans les autres, avec l'enrichissement graduel du moi ; mais le temps que l'astronome introduit dans ses formules, le temps que nos horloges divisent en parcelles égales, ce temps-là, dira-t-on, est autre chose ; c'est une grandeur mesurable, et par conséquent homogène. — Il n'en est rien cependant, et un examen attentif dissipera cette dernière illusion.

Quand je suis des yeux, sur le cadran d'une horloge, le mouvement de l'aiguille qui correspond aux oscillations du pendule, je ne mesure pas de la durée, comme on paraît le croire ; je me borne à compter des simultanéités, ce qui est bien différent. En dehors de moi, dans l'espace, il n'y a jamais qu'une position unique de l'aiguille et du pendule, car des positions passées il ne reste rien. Au dedans de moi, un processus d'organisation ou de pénétration mutuelle des faits de conscience se poursuit, qui constitue la durée vraie. C'est parce que je dure de cette manière que je me représente ce que j'appelle les oscillations passées du pendule, en même temps que je perçois l'oscillation actuelle. Or, supprimons pour un instant le moi qui pense ces oscillations du pendule, une seule position même de ce pendule, point de durée par conséquent. Supprimons, d'autre part, le pendule et ses oscillations ; il n'y aura plus que la durée hétérogène du moi, sans moments extérieurs les uns aux autres, sans rapport avec le nombre. Ainsi, dans notre moi, il y a succession sans extériorité réciproque ; en dehors du moi, extériorité réciproque sans succession : extériorité réciproque, puisque l'oscillation présente est radicalement distincte de l'oscillation antérieure qui n'est plus ; mais absence de succession, puisque la succession existe seulement pour un spectateur conscient qui se remémore le passé et juxtapose les deux oscillations ou leurs symboles dans un espace auxiliaire. — Or, entre cette succession sans extériorité et cette extériorité sans succession une espèce d'échange se produit, assez analogue à ce que les physiciens appellent un phénomène d'endosmose. Comme les phases successives de notre vie consciente, qui se pénètrent cependant les unes les autres, correspondent chacune à une oscillation du pendule qui lui est simultanée, comme d'autre part ces oscillations sont nettement distinctes, puisque l'une n'est plus quand l'autre se produit, nous contractons l'habitude d'établir la même distinction entre les moments successifs de notre vie consciente : les oscillations du balancier la décomposent, pour ainsi dire, en parties extérieures les unes aux autres. De là l'idée erronée d'une durée interne homogène, analogue à l'espace, dont les moments identiques se suivraient sans se pénétrer. Mais, d'autre part, les oscillations pendulaires, qui ne sont distinctes que parce que l'une s'est évanouie quand l'autre paraît, bénéficient en quelque sorte de l'influence qu'elles ont ainsi exercée sur notre vie consciente. Grâce au souvenir que notre conscience a organisé de leur ensemble, elles se conservent, puis elles s'alignent : bref, nous créons pour elles une quatrième dimension de l'espace, que nous appelons le temps homogène, et qui permet au mouvement pendulaire, quoique se produisant sur place, de se juxtaposer indéfiniment à lui-même. — Que si maintenant nous essayons, dans ce processus très complexe, de faire la part exacte du réel et de l'imaginaire, voici ce que nous trouvons. Il y a un espace réel, sans durée, mais où des phénomènes apparaissent et disparaissent simultanément avec nos états de conscience. Il y a une durée réelle, dont les moments hétérogènes se pénètrent, mais dont chaque moment peut être rapproché d'un état du monde extérieur qui en est contemporain, et se séparer des autres moments par l'effet de ce rapprochement même. De la comparaison de ces deux réalités naît une représentation symbolique de la durée, tirée de l'espace. La durée prend ainsi la forme illusoire d'un milieu homogène, et le trait d'union entre ces deux termes, espace et durée, est la simultanéité, qu'on pourrait définir l'intersection du temps avec l'espace.

En soumettant à la même analyse le concept de mouvement, symbole vivant d'une durée en apparence homogène, nous serons amenés à opérer une dissociation du même genre. On dit le plus souvent qu'un mouvement a lieu dans l'espace, et quand on déclare le mouvement homogène et divisible, c'est à l'espace parcouru que l'on pense, comme si on pouvait le confondre avec le mouvement lui-même. Or, en y réfléchissant davantage, on verra que les positions successives du mobile occupent bien en effet de l'espace, mais que l'opération par laquelle il passe d'une position à l'autre, opération qui occupe de la durée et qui n'a de réalité que pour un spectateur conscient, échappe à l'espace. Nous n'avons point affaire ici à une chose, mais à un progrès : le mouvement, en tant que passage d'un point à un autre, est une synthèse mentale, un processus psychique et par suite inétendu. Il n'y a dans l'espace que des parties d'espace, et en quelque point de l'espace que l'on considère le mobile, on n'obtiendra qu'une position. Si la conscience perçoit autre chose que des positions, c'est qu'elle se remémore les positions successives et en fait la synthèse. Mais comment opère-t-elle une synthèse de ce genre ? Ce ne peut être par un nouveau déploiement de ces mêmes positions dans un milieu homogène, car une nouvelle synthèse deviendrait nécessaire pour relier les positions entre elles, et ainsi de suite indéfiniment. Force est donc bien d'admettre qu'il y a ici une synthèse pour ainsi dire qualitative, une organisation graduelle de nos sensations successives les unes avec les autres, une unité analogue à celle d'une phrase mélodique. Telle est précisément l'idée que nous nous faisons du mouvement quand nous pensons à lui seul, quand, nous extrayons de ce mouvement, en quelque sorte, la mobilité. Il suffira, pour s'en convaincre, de penser à ce qu'on éprouve en apercevant tout à coup une étoile filante, dans ce mouvement d'une extrême rapidité, la dissociation s'opère d'elle-même entre l'espace parcouru, qui nous apparaît sous forme d'une ligne de feu, et la sensation absolument indivisible de mouvement ou de mobilité. Un geste rapide qu'on accomplit les yeux fermés se présentera à la conscience sous forme de sensation purement qualitative, tant qu'on n'aura pas songé à l'espace parcouru. Bref, il y a deux éléments à distinguer dans le, mouvement, l'espace parcouru et l'acte par lequel on le parcouru les positions successives et la synthèse de ces positions. Le premier de ces éléments est une quantité homogène ; le second n'a de réalité que dans notre conscience ; c'est, comme on voudra, une qualité ou une intensité. Mais ici encore un phénomène d'endosmose se produit, un mélange entre la sensation purement intensive de mobilité et la représentation extensive d'espace parcouru. D'une part, en effet, nous attribuons au mouvement la divisibilité même de l'espace qu'il parcourt, oubliant qu'on peut bien diviser une chose, mais non pas un acte ; — et d'autre part nous nous habituons à projeter cet acte lui-même dans l'espace, à l'appliquer le long de la ligne que le mobile parcourt, à le solidifier, en un mot : comme si cette localisation d'un progrès dans l'espace ne revenait pas à affirmer que, même en dehors de la conscience, le passé coexiste avec le présent ! — De cette confusion entre le mouvement et l'espace parcouru par le mobile sont nés, à notre avis, les sophismes de l'école d'Élée ; car l'intervalle qui sépare deux points est divisible infiniment, et si le mouvement était composé de parties comme celles de l'intervalle lui-même, jamais l'intervalle ne serait franchi. Mais la vérité est que chacun des pas d'Achille est un acte simple, indivisible, et qu'après un nombre donné de ces actes, Achille aura dépassé la tortue. L'illusion des Éléates vient de ce qu'ils identifient cette série d'actes indivisibles et *sui generis* avec l'espace homogène qui les sous-tend. Comme cet espace peut être divisé et recomposé selon une loi quelconque, ils se croient autorisés à reconstituer le mouvement total d'Achille, non plus avec des pas d'Achille, mais avec des pas de tortue : à Achille poursuivant la tortue ils substituent en réalité deux tortues réglées l'une sur l'autre, deux tortues qui se condamnent à faire le même genre de pas ou d'actes simultanés, de manière à ne s'atteindre jamais. Pourquoi Achille dépasse-t-il la tortue ? Parce que chacun des pas d'Achille et chacun des pas de la tortue sont des indivisibles en tant que mouvements, et des grandeurs différentes en tant qu'espace : de sorte que l'addition ne tardera pas à donner, pour l'espace parcouru par Achille, une longueur supérieure à la somme de l'espace parcouru par la tortue et de l'avance qu'elle avait sur lui. C'est de quoi Zénon ne tient nul compte quand il recompose le mouvement d'Achille selon la même loi que le mouvement de la tortue, oubliant que l'espace seul se prête à un mode de décomposition et de recomposition arbitraire, et confondant ainsi espace et mouvement. — Nous ne croyons donc pas nécessaire d'admettre, même après la fine et profonde analyse d'un penseur de notre temps[27], que la rencontre des deux mobiles implique un écart entre le mouvement réel et le mouvement imaginé, entre l'espace en soi et l'espace indéfiniment divisible, entre le temps concret et le temps abstrait. Pourquoi recourir à une hypothèse métaphysique, si ingénieuse soit-elle, sur la nature de l'espace, du temps et du mouvement, alors que l'intuition immédiate nous montre le mouvement dans la durée, et la durée en dehors de l'espace ? Point n'est besoin de supposer une limite à la divisibilité de l'espace concret ; on peut le laisser infiniment divisible, pourvu qu'on établisse une distinction entre les positions simultanées des deux mobiles, lesquelles sont en effet dans l'espace, et leurs mouvements, qui ne sauraient occuper d'espace, étant durée plutôt qu'étendue, qualité et non pas quantité. Mesurer la vitesse d'un mouvement, comme nous allons voir, c'est simplement constater une simultanéité ; introduire cette vitesse dans les calculs, c'est user d'un moyen commode pour prévoir une simultanéité. Aussi la mathématique reste-t-elle dans son rôle tant qu'elle s'occupe de déterminer les positions simultanées d'Achille et de la tortue à un moment donné, ou lorsqu'elle admet a priori la rencontre des deux mobiles en un point X, rencontre qui est elle-même une simultanéité. Mais elle dépasse ce rôle quand elle prétend reconstituer ce qui a lieu dans l'intervalle de deux simultanéités ; ou du moins, elle est fatalement amenée, même alors, à considérer des simultanéités encore, des simultanéités nouvelles, dont le nombre indéfiniment croissant devrait l'avertir qu'on ne fait pas du mouvement avec des immobilités, ni du temps avec de l'espace. Bref, de même que dans la durée il n'y a d'homogène que ce qui ne dure pas, c'est-à-dire l'espace, où s'alignent les simultanéités, ainsi l'élément homogène du mouvement est ce qui lui appartient le moins, l'espace parcouru, c'est-à-dire l'immobilité.

Or, précisément pour cette raison, la science n'opère sur le temps et le mouvement qu'à la condition d'en éliminer d'abord l'élément essentiel et qualitatif — du temps la durée, et du mouvement la mobilité. C'est de quoi l'on se convaincrait sans peine en examinant le rôle des considérations de temps, de mouvement et de vitesse en astronomie et en mécanique.

Les traités de mécanique ont soin d'annoncer qu'ils ne définiront pas la durée elle-même, mais l'égalité de deux durées : « Deux intervalles de temps sont égaux, disent-ils, lorsque deux corps identiques, placés dans des circonstances identiques au commencement de chacun de ces intervalles, et soumis aux mêmes actions et influences de toute espèce, auront parcouru le même espace à la fin de ces intervalles. » En d'autres termes, nous noterons l'instant précis où le mouvement commence, c'est-à-dire la simultanéité d'un changement extérieur avec un de nos états psychiques ; nous noterons le moment où le

---

[27] Évellin, *Infini et quantité*, Paris, 1881.

mouvement fini, c'est-à-dire une simultanéité encore ; enfin nous mesurerons l'espace parcouru, la seule chose qui soit en effet mesurable. Il n'est donc pas question ici de durée, mais seulement d'espace et de simultanéités. Annoncer qu'un phénomène se produira au bout d'un temps t, c'est dire que la conscience notera d'ici là un nombre t de simultanéités d'un certain genre. Et il ne faudrait pas que les termes « d'ici là » nous fissent illusion, car l'intervalle de durée n'existe que pour nous, et à cause de la pénétration mutuelle de nos états de conscience. En dehors de nous, on ne trouverait que de l'espace, et par conséquent des simultanéités, dont on ne peut même pas dire qu'elles soient objectivement successives, puisque toute succession se pense par la comparaison du présent au passé. — Ce qui prouve bien que l'intervalle de durée lui-même ne compte pas au point de vue de la science, c'est que, si tous les mouvements de l'univers se produisaient deux ou trois fois plus vite, il n'y aurait rien à modifier ni à nos formules, ni aux nombres que nous y faisons entrer. La conscience aurait une impression indéfinissable et en quelque sorte qualitative de ce changement, mais il n'y paraîtrait pas en dehors d'elle, puisque le même nombre de simultanéités se produirait encore dans l'espace. Nous verrons plus loin que lorsque l'astronome prédit une éclipse, par exemple, il se livre précisément à une opération de ce genre : il réduit infiniment les intervalles de durée, lesquels ne comptent pas pour la science, et aperçoit ainsi dans un temps très court — quelques secondes tout au plus — une succession de simultanéités qui occupera plusieurs siècles pour la conscience concrète, obligée d'en vivre les intervalles.

On aboutira à la même conclusion en analysant directement la notion de vitesse. La mécanique obtient cette notion par l'intermédiaire d'une série d'idées dont on retrouvera sans peine la filiation. Elle construit d'abord l'idée de mouvement uniforme en se représentant d'une part la trajectoire AB d'un certain mobile, et d'autre part un phénomène physique qui se répète indéfiniment dans des conditions identiques, par exemple la chute d'une pierre tombant toujours de la même hauteur au même endroit. Si l'on note sur la trajectoire AB les points M, N, P, …, atteints par le mobile à chacun des moments où la pierre touche le sol, et que les intervalles AM, MN, NP, …, soient reconnus égaux entre eux, on dira que le mouvement est uniforme : et l'on appellera vitesse du mobile l'un quelconque de ces intervalles, pourvu que l'on convienne d'adopter pour unité de durée le phénomène physique que l'on a choisi comme terme de comparaison. On définit donc la vitesse d'un mouvement uniforme sans faire appel à d'autres notions que celles d'espace et de simultanéité. — Reste le mouvement varié, celui dont les éléments AM, MN, NP, …, ont été reconnus inégaux entre eux. Pour définir la vitesse du mobile A au point M, il suffira d'imaginer un nombre indéfini de mobiles A_1, A_2, A_3,…. tous animés de mouvements uniformes, et dont les vitesses v_1, v_2 v_3,…, disposées en ordre croissant par exemple, correspondent à toutes les grandeurs possibles. Considérons alors, sur la trajectoire du mobile A, deux points M' et M'' situés de part et d'autre du point M, mais très rapprochés de lui. En même temps que ce mobile atteint les points M', M, M'', les autres mobiles parviennent sur leurs trajectoires respectives à des points M'_1 M_1 M''_1, M'_2 M_2 M''_2,…, etc. ; et il existe nécessairement deux mobiles A_k A_p tels qu'on ait d'une part $M'M = M'_h M_k$ et d'autre part $M M'' = M_p M''_p$. On conviendra alors de dire que la vitesse du mobile A au point M est comprise entre v_h et v_k. Mais rien n'empêche de supposer les points M' et M'' plus rapprochés encore du point M, et l'on conçoit qu'il faille alors remplacer v_k et v_p par deux nouvelles vitesses v_j et v_n, l'une supérieure à v_k, l'autre inférieure à v_p. Et à mesure que l'on fera décroître les deux intervalles $M'M$ et MM'', à mesure aussi diminuera la différence entre les deux vitesses des mouvements uniformes correspondants. Or, les deux intervalles pouvant décroître jusqu'à zéro, il existe évidemment entre v_j et v_n une certaine vitesse v_m telle que la différence entre cette vitesse et v_k, v_j, …, d'une part, v_p, v_n, …. de l'autre, puisse devenir plus petit que toute quantité donnée. C'est cette limite commune v_m qu'on appellera vitesse du mobile A au point M. - Or, dans cette analyse du mouvement varié, comme dans celle du mouvement uniforme, il n'est question que d'espaces une fois parcourus, et de positions simultanées une fois atteintes. Nous étions donc fondés à dire que si la mécanique ne retient du temps que la simultanéité, elle ne retient du mouvement lui-même que l'immobilité.

On eût prévu ce résultat en remarquant que la mécanique opère nécessairement sur des équations, et qu'une équation algébrique exprime toujours un fait accompli. Or il est de l'essence même de la durée et du mouvement, tels qu'ils apparaissent à notre conscience, d'être sans cesse en voie de formation : aussi l'algèbre pourra-t-elle traduire les résultats acquis en un certain moment de la durée et les positions prises par un certain mobile dans l'espace, mais non pas la durée et le mouvement eux-mêmes. En vain on augmentera le nombre des simultanéités et des positions que l'on considère, par l'hypothèse d'intervalles très petits ; en vain même, pour marquer la possibilité d'accroître indéfiniment le nombre de ces intervalles de durée, on remplacera la notion de différence par celle de différentielle : c'est toujours à une extrémité de l'intervalle que la mathématique se place, si petit qu'elle le conçoive. Quant à l'intervalle lui-même, quant à la durée et au mouvement, en un mot, ils restent nécessairement en dehors de l'équation. C'est que la durée et le mouvement sont des synthèses mentales, et non pas des choses ; c'est que, si le mobile occupe tour à tour les points d'une ligne, le mouvement n'a rien de commun avec cette ligne même ; c'est enfin que, si les positions occupées par le mobile varient avec les différents moments de la durée, s'il crée même des moments distincts par cela seul qu'il occupe des positions différentes, la durée proprement dite n'a pas de moments identiques ni extérieurs les uns aux autres, étant essentiellement hétérogène à elle-même, indistincte, et sans analogie avec le nombre.

Il résulte de cette analyse que l'espace seul est homogène, que les choses situées dans l'espace constituent une multiplicité distincte, et que toute multiplicité distincte s'obtient par un déroulement dans l'espace. Il en résulte également qu'il n'y a dans l'espace ni durée ni même succession, au sens où la conscience prend ces mots : chacun des états dits successifs du monde extérieur existe seul, et leur multiplicité n'a de réalité que pour une conscience capable de les conserver d'abord, de les juxtaposer ensuite en les extériorisant les uns par rapport aux autres. Si elle les conserve, c'est parce que ces divers états du monde extérieur donnent lieu à des faits de conscience qui se pénètrent, s'organisent insensiblement ensemble, et lient le passé au présent par l'effet de cette solidarité même. Si elle les extériorise les uns par rapport aux autres, c'est parce que, songeant ensuite à leur distinction radicale (l'un ayant cessé d'être quand l'autre paraît), elle les aperçoit sous forme de multiplicité distincte ; ce qui revient à les aligner ensemble dans l'espace où chacun d'eux existait séparément. L'espace employé à cet usage est précisément ce qu'on appelle le temps homogène.

Mais une autre conclusion se dégage de cette analyse c'est que la multiplicité des états de conscience, envisagée dans sa pureté originelle, ne présente aucune ressemblance avec la multiplicité distincte qui forme un nombre. Il y aurait là, disions-nous, une multiplicité qualitative. Bref, il faudrait admettre deux espèces de multiplicité, deux sens possibles du mot distinguer, deux conceptions, l'une qualitative et l'autre quantitative, de la différence entre le même et l'autre. Tantôt cette multiplicité, cette distinction, cette hétérogénéité ne contiennent le nombre qu'en puissance, comme dirait Aristote ; c'est que la conscience opère une discrimination qualitative sans aucune arrière-pensée de compter les qualités ou même d'en faire plusieurs ; il y a bien alors multiplicité sans quantité. Tantôt, au contraire, il s'agit d'une multiplicité de termes qui se comptent ou que l'on conçoit comme pouvant se compter ; mais on pense alors à la possibilité de les extérioriser les uns par rapport aux autres ; on les développe dans l'espace. Malheureusement, nous sommes si habitués à éclaircir l'un par l'autre ces deux sens du même mot, à les apercevoir même l'un dans l'autre, que nous éprouvons une incroyable difficulté à les distinguer, ou tout au moins à exprimer cette distinction par le langage. Ainsi, nous disions que plusieurs états de conscience s'organisent entre eux, se pénètrent, s'enrichissent de plus en plus, et pourraient donner ainsi, à un moi ignorant de l'espace, le sentiment de la durée pure ; mais déjà, pour employer le mot « plusieurs », nous avions isolé ces états les uns des autres, nous les avions extériorisés les uns par rapport aux autres, nous les avions juxtaposés, en un mot ; et nous trahissions ainsi, par l'expression même à laquelle nous étions obligés de recourir, l'habitude profondément enracinée de développer le temps dans l'espace. C'est à l'image de ce développement une fois effectué que nous empruntons nécessairement les termes destinés à rendre l'état d'une âme qui ne l'aurait point effectué encore : ces termes sont donc entachés d'un vice originel, et la représentation d'une multiplicité sans rapport avec le nombre ou l'espace, quoique claire pour une pensée qui rentre en elle-même et s'abstrait, ne saurait se traduire dans la langue du sens commun. Et pourtant nous ne pouvons former l'idée même de multiplicité distincte sans considérer parallèlement ce que nous avons appelé une multiplicité qualitative. Quand nous comptons explicitement des unités en les alignant dans l'espace, n'est-il pas vrai qu'à côté de cette addition dont les termes identiques se dessinent sur un fond homogène, il se poursuit, dans les profondeurs de l'âme, une organisation de ces unités les unes avec les autres, processus tout dynamique, assez analogue à la représentation purement qualitative qu'une enclume sensible aurait du nombre croissant des coups de marteau ? En ce sens, on pourrait presque dire que les nombres d'un usage journalier ont chacun leur équivalent émotionnel. Les marchands le savent bien, et au lieu d'indiquer le prix d'un objet par un nombre rond de francs, ils marqueront le chiffre immédiatement inférieur, quittes à intercaler ensuite un nombre suffisant de centimes. Bref, le processus par lequel nous comptons des unités et en formons une multiplicité distincte présente un double aspect : d'un côté nous les supposons identiques, ce qui ne se peut concevoir qu'à la condition que ces unités s'alignent dans un milieu homogène ; mais d'autre part la troisième unité, par exemple, en s'ajoutant aux deux autres, modifie la nature, l'aspect, et comme le rythme de l'ensemble : sans cette pénétration mutuelle et ce progrès en quelque sorte qualitatif, il n'y aurait pas d'addition possible. — C'est donc grâce à la qualité de la quantité que nous formons l'idée d'une quantité, sans qualité.

Il devient dès lors évident qu'en dehors de toute représentation symbolique le temps ne prendra jamais pour notre conscience l'aspect d'un milieu homogène, où les termes d'une succession s'extériorisent les uns par rapport aux autres. Mais nous arrivons naturellement à cette représentation symbolique par ce seul fait que, dans une série de termes identiques, chaque terme prend pour notre conscience un double aspect : l'un toujours identique à lui-même, puisque nous songeons à l'identité de l'objet extérieur, l'autre spécifique, parce que l'addition de ce terme provoque une nouvelle organisation de l'ensemble. De là la possibilité de déployer dans l'espace, sous forme de multiplicité numérique, ce que nous avons appelé une multiplicité qualitative, et de considérer l'une comme l'équivalent de l'autre. Or, nulle part ce double processus ne s'accomplit aussi facilement que dans la perception du phénomène extérieur, inconnaissable en soi, qui prend pour nous la forme du mouvement. Ici nous avons bien une série de termes identiques entre eux, puisque c'est toujours le même mobile ; mais d'autre part la synthèse opérée par notre conscience entre la position actuelle et ce que notre mémoire appelle les positions antérieures fait que ces images se pénètrent, se complètent et se continuent en quelque sorte les unes les autres. C'est donc par l'intermédiaire du mouvement surtout que la durée prend la forme d'un milieu homogène, et que le temps se projette dans l'espace. Mais, à défaut du mouvement, toute répétition d'un phénomène extérieur bien déterminé eût suggéré à la conscience le même mode de représentation. Ainsi, quand nous entendons une série de coups de marteau, les sons forment une mélodie indivisible en tant que sensations pures, et donnent encore lieu à ce que nous avons appelé un progrès dynamique : mais sachant que la même cause objective agit, nous découpons ce progrès en phases que nous considérons alors comme identiques ; et cette multiplicité de termes identiques ne pouvant plus se concevoir que par déploiement dans l'espace, nous aboutissons encore nécessairement à l'idée d'un temps homogène, image symbolique de la durée réelle. En un mot, notre moi touche au monde extérieur par sa surface ; nos sensations successives, bien que se fondant les unes dans les autres, retiennent quelque chose de l'extériorité réciproque qui en caractérise objectivement les causes ; et c'est pourquoi notre vie psychologique superficielle se déroule dans un milieu homogène sans que ce mode de représentation nous coûte un grand effort. Mais le caractère symbolique de cette représentation devient de plus en plus frappant à mesure que nous pénétrons davantage dans les profondeurs de la conscience : le moi intérieur, celui qui sent et se passionne, celui qui délibère et se décide, est une force dont les états et modifications se pénètrent intimement, et subissent une altération profonde dès qu'on les sépare les uns des autres pour les dérouler dans l'espace. Mais comme ce moi plus profond ne fait qu'une seule et même personne avec le moi superficiel, ils paraissent nécessairement durer de la même manière. Et comme la représentation constante d'un phénomène objectif identique qui se répète découpe notre vie psychique superficielle en parties extérieures les unes aux autres, les moments ainsi déterminés déterminent à leur tour des segments distincts dans le progrès dynamique et indivisé de nos états de conscience plus personnels. Ainsi se répercute, ainsi se propage jusque dans les profondeurs de la conscience cette extériorité réciproque que leur juxtaposition dans l'espace homogène assure aux objets matériels : petit à petit, nos sensations se détachent les unes des autres comme les causes externes qui leur donnèrent naissance, et les sentiments ou idées comme les sensations dont ils sont contemporains. — Ce qui prouve bien que notre conception ordinaire de la durée tient à une invasion graduelle de l'espace dans le domaine de la conscience pure, c'est que, pour enlever au moi la faculté de percevoir un temps homogène, il suffit d'en détacher cette couche plus superficielle de faits psychiques qu'il utilise comme régulateurs. Le rêve nous place précisément dans ces conditions ; car le sommeil, en ralentissant le jeu des fonctions organiques, modifie surtout la surface de communication entre le moi et les choses extérieures. Nous ne mesurons plus alors la durée, mais nous la sentons ; de quantité elle revient à l'état de qualité ; l'appréciation mathématique du temps écoulé ne se fait plus ; mais elle cède la place à un instinct confus, capable, comme tous les instincts, de commettre des méprises grossières et parfois aussi de procéder avec une extraordinaire sûreté. Même à l'état de veille, l'expérience journalière devrait nous apprendre à faire la différence entre la durée-qualité, celle que la conscience atteint immédiatement, celle que l'animal perçoit probablement, et le temps pour ainsi dire matérialisé, le temps devenu quantité par un développement dans l'espace. Au moment où j'écris ces lignes, l'heure sonne à une horloge voisine ; mais mon oreille distraite ne s'en aperçoit que lorsque plusieurs coups se sont déjà fait entendre ; je ne les ai donc pas comptés. Et néanmoins, il me suffit d'un effort d'attention rétrospective pour faire la somme des quatre coups déjà sonnés, et les ajouter à ceux que j'entends. Si, rentrant en moi-même, je m'interroge alors soigneusement sur ce qui vient de se passer, je m'aperçois que les quatre premiers sons avaient frappé mon oreille et même ému ma conscience, mais que les sensations produites par chacun d'eux, au lieu de se juxtaposer, s'étaient fondues les unes dans les autres de manière à douer l'ensemble d'un aspect propre, de manière à en faire une espèce de phrase musicale. Pour évaluer rétrospectivement le nombre des coups sonnés, j'ai essayé de reconstituer cette phrase par la pensée ; mon imagination a frappé un coup, puis deux, puis trois, et tant qu'elle n'est pas arrivée au nombre exact quatre, la sensibilité, consultée, a répondu que l'effet total différait qualitativement. Elle avait donc constaté à sa manière la succession des quatre coups frappés, mais tout autrement que par une addition, et sans faire intervenir l'image d'une juxtaposition de termes distincts. Bref, le nombre des coups frappés a été perçu comme qualité, et non comme quantité ; la durée se présente ainsi à la conscience immédiate, et elle conserve cette forme tant qu'elle ne cède pas la place à une représentation symbolique, tirée de l'étendue. — Distinguons donc, pour conclure, deux formes de la multiplicité, deux appréciations bien différentes de la durée, deux aspects de la vie consciente. Au-dessous de la durée homogène, symbole extensif de la durée vraie, une psychologie attentive démêle une durée dont les moments hétérogènes se pénètrent ; au-dessous de la multiplicité numérique des états conscients, une multiplicité qualitative ; au-dessous du moi aux états bien définis, un moi où succession implique fusion et organisation. Mais nous nous contentons le plus souvent du premier, c'est-à-dire de l'ombre du moi projetée dans l'espace homogène. La conscience, tourmentée d'un insatiable désir de distinguer, substitue le symbole à la réalité, ou n'aperçoit la réalité qu'à travers le symbole. Comme le moi ainsi réfracté, et par là même subdivisé, se prête infiniment mieux aux exigences de la vie sociale en général et du langage en particulier, elle le préfère, et perd peu à peu de vue le moi fondamental.

Pour retrouver ce moi fondamental, tel qu'une conscience inaltérée l'apercevrait, un effort vigoureux d'analyse est nécessaire, par lequel on isolera les faits psychologiques internes et vivants de leur image d'abord réfractée, ensuite solidifiée dans l'espace homogène. En d'autres termes, nos perceptions, sensations, émotions et idées se présentent sous un double aspect : l'un net, précis, mais impersonnel ; l'autre confus, infiniment mobile, et inexprimable, parce que le langage ne saurait le saisir sans en fixer la mobilité, ni l'adapter à sa forme banale sans le faire tomber dans le domaine commun. Si nous aboutissons à distinguer deux formes de la multiplicité, deux formes de la durée, il est évident que chacun des faits de conscience, pris à part, devra revêtir un aspect différent selon qu'on le considère au sein d'une multiplicité distincte ou d'une multiplicité confuse, dans le temps-qualité où il se produit, ou dans le temps-quantité où il se projette.

Quand je me promène pour la première fois, par exemple, dans une ville où je séjournerai, les choses qui m'entourent produisent en même temps sur moi une impression qui est destinée à durer, et une impression qui se modifiera sans cesse. Tous les jours j'aperçois les mêmes maisons, et comme je sais que ce sont les mêmes objets, je les désigne constamment par le même nom, et je m'imagine aussi qu'elles m'apparaissent toujours de la même manière. Pourtant, si je me reporte, au bout d'un assez long temps, à l'impression que j'éprouvai pendant les premières années, je m'étonne du changement singulier, inexplicable et surtout inexprimable, qui s'est accompli en elle. Il semble que ces objets, continuellement perçus par moi et se peignant sans cesse dans mon esprit, aient fini par m'emprunter quelque chose de mon existence consciente ; comme moi ils ont vécu, et comme moi vieilli. Ce n'est pas là illusion pure ; car si l'impression d'aujourd'hui était absolument identique à celle d'hier, quelle différence y aurait-il entre percevoir et reconnaître, entre apprendre et se souvenir ? Pourtant cette différence échappe à l'attention de la plupart ; on ne s'en apercevra guère qu'à la condition d'en être averti, et de s'interroger alors scrupuleusement soi-même. La raison en est que notre vie extérieure et pour ainsi dire sociale a plus d'importance pratique pour nous que notre existence intérieure et individuelle. Nous tendons instinctivement à solidifier nos impressions, pour les exprimer par le langage. De là vient que nous confondons le sentiment même, qui est dans un perpétuel devenir, avec son objet extérieur permanent, et surtout avec le mot qui exprime cet objet. De même que la durée fuyante de notre moi se fixe par sa projection dans l'espace homogène, ainsi nos impressions sans cesse changeantes, s'enroulant autour de l'objet extérieur qui en est cause, en adoptent les contours précis et l'immobilité.

Nos sensations simples, considérées à l'état naturel, offriraient moins de consistance encore. Telle saveur, tel parfum m'ont plu quand j'étais enfant, et me répugnent aujourd'hui. Pourtant je donne encore le même nom à la sensation éprouvée, et je parle comme si, le parfum et la saveur étant demeurés identiques, mes goûts seuls avaient changé. Je solidifie donc encore cette sensation ; et lorsque sa mobilité acquiert une telle évidence qu'il me devient impossible de la méconnaître, j'extrais cette mobilité pour lui donner un nom à part et la solidifier à son tour sous forme de goût. Mais en réalité il n'y a ni sensations identiques, ni goûts multiples ; car sensations et goûts m'apparaissent comme des choses dès que je les isole et que je les nomme, et il n'y a guère dans l'âme humaine que des progrès. Ce qu'il faut dire, c'est que toute sensation se modifie en se répétant, et que si elle ne me paraît pas changer du jour au lendemain, c'est parce que je l'aperçois maintenant à travers l'objet qui en est cause, à travers le mot qui la traduit. Cette influence du langage sur la sensation est plus profonde qu'on ne le pense généralement. Non seulement le langage nous fait croire à l'invariabilité de nos sensations, mais il nous trompera parfois sur le caractère de la sensation éprouvée. Ainsi, quand je mange d'un mets réputé exquis, le nom qu'il porte, gros de l'approbation qu'on lui donne, s'interpose entre ma sensation et ma conscience ; je pourrai croire que la saveur me plaît, alors qu'un léger effort d'attention me prouverait le contraire. Bref, le mot aux contours bien arrêtés, le mot brutal, qui emmagasine ce qu'il y a de stable, de commun et par conséquent d'impersonnel dans les impressions de l'humanité, écrase ou tout au moins recouvre les impressions délicates et fugitives de notre conscience individuelle. Pour lutter à armes égales, celles-ci devraient s'exprimer par des mots précis ; mais ces mots, à peine formés, se retourneraient contre la sensation qui leur donna naissance, et inventés pour témoigner que la sensation est instable, ils lui imposeraient leur propre stabilité.

Nulle part cet écrasement de la conscience immédiate n'est aussi frappant que dans les phénomènes de sentiment. Un amour violent, une mélancolie profonde envahissent notre âme : ce sont mille éléments divers qui se fondent, qui se pénètrent, sans contours précis, sans la moindre tendance à s'extérioriser les uns par rapport aux autres ; leur originalité est à ce prix. Déjà ils se déforment quand nous démêlons dans leur masse confuse une multiplicité numérique : que sera-ce quand nous les déploierons, isolés les uns des autres, dans ce milieu homogène qu'on appellera maintenant, comme on voudra, temps ou espace ?

Tout à l'heure chacun d'eux empruntait une indéfinissable coloration au milieu où il était placé : le voici décoloré, et tout prêt à recevoir un nom. Le sentiment lui-même est un être qui vit, qui se développe, qui change par conséquent sans cesse ; sinon, on ne comprendrait pas qu'il nous acheminât peu à peu à une résolution : notre résolution serait immédiatement prise. Mais il vit parce que la durée où il se développe est une durée dont les moments se pénètrent : en séparant ces moments les uns des autres, en déroulant le temps dans l'espace, nous avons fait perdre à ce sentiment son animation et sa couleur. Nous voici donc en présence de l'ombre de nous-mêmes : nous croyons avoir analysé notre sentiment, nous lui avons substitué en réalité une juxtaposition d'états inertes, traduisibles en mots, et qui constituent chacun l'élément commun, le résidu par conséquent impersonnel, des impressions ressenties dans un cas donné par la société entière. Et c'est pourquoi nous raisonnons sur ces états et leur appliquons notre logique simple : les ayant érigés en genres par cela seul que nous les isolions les uns des autres, nous les avons préparés pour servir à une déduction future. Que si maintenant quelque romancier hardi, déchirant la toile habilement tissée de notre moi conventionnel, nous montre sous cette logique apparente une absurdité fondamentale, sous cette juxtaposition d'états simples une pénétration infinie de mille impressions diverses qui ont déjà cessé d'être au moment où on les nomme, nous le louons de nous avoir mieux connus que nous ne nous connaissions nous-mêmes. Il n'en est rien cependant, et par cela même qu'il déroule notre sentiment dans un temps homogène et en exprime les éléments par des mots, il ne nous en présente qu'une ombre à son tour : seulement, il a disposé cette ombre de manière à nous faire soupçonner la nature extraordinaire et illogique de l'objet qui la projette ; il nous a invités à la réflexion en mettant dans l'expression extérieure quelque chose de cette contradiction, de cette pénétration mutuelle, qui constitue l'essence même des éléments exprimés. Encouragés par lui, nous avons écarté pour un instant le voile que nous interposions entre notre conscience et nous. Il nous a remis en présence de nous-mêmes.

Nous éprouverions une surprise du même genre si, brisant les cadres du langage, nous nous efforcions de saisir nos idées elles-mêmes à l'état naturel, et telles que notre conscience, délivrée de l'obsession de l'espace, les apercevrait. Cette dissociation des éléments constitutifs de l'idée, qui aboutit à l'abstraction, est trop commode pour que nous nous en passions dans la vie ordinaire et même dans la discussion philosophique. Mais lorsque nous nous figurons que les éléments dissociés sont précisément ceux qui entraient dans la contexture de l'idée concrète, lorsque, substituant à la pénétration des termes réels la juxtaposition de leurs symboles, nous prétendons reconstituer de la durée avec de l'espace, nous tombons inévitablement dans les erreurs de l'associationnisme. Nous n'insisterons pas sur ce dernier point, qui sera l'objet d'un examen approfondi dans le chapitre suivant. Qu'il nous suffise de dire que l'ardeur irréfléchie avec laquelle nous prenons parti dans certaines questions prouve assez que notre intelligence a ses instincts : et comment nous représenter ces instincts, sinon par un élan commun à toutes nos idées, c'est-à-dire par leur pénétration mutuelle ? Les opinions auxquelles nous tenons le plus sont celles dont nous pourrions le plus malaisément rendre compte, et les raisons mêmes par lesquelles nous les justifions sont rarement celles qui nous ont déterminés à les adopter. En un certain sens, nous les avons adoptées sans raison, car ce qui en fait le prix à nos yeux, c'est que leur nuance répond à la coloration commune de toutes nos autres idées, c'est que nous y avons vu, dès l'abord, quelque chose de nous. Aussi ne prennent-elles pas dans notre esprit la forme banale qu'elles revêtiront dès qu'on les en fera sortir pour les exprimer par des mots ; et bien que, chez d'autres esprits, elles portent le même nom, elles ne sont pas du tout la même chose. A vrai dire, chacun d'elles vit à la manière d'une cellule dans un organisme ; tout ce qui modifie l'état général du moi la modifie elle-même. Mais tandis que la cellule occupe un point déterminé de l'organisme, une idée vraiment nôtre remplit notre moi tout entier. Il s'en faut d'ailleurs que toutes nos idées s'incorporent ainsi à la masse de nos états de conscience. Beaucoup flottent à la surface, comme des feuilles mortes sur l'eau d'un étang. Nous entendons par là que notre esprit, lorsqu'il les pense, les retrouve toujours dans une espèce d'immobilité, comme si elles lui étaient extérieures. De ce nombre sont les idées que nous recevons toutes faites, et qui demeurent en nous sans jamais s'assimiler à notre substance, ou bien encore les idées que nous avons négligé d'entretenir, et qui se sont desséchées dans l'abandon. Si, à mesure que nous nous éloignons des couches profondes du moi, nos états de conscience tendent de plus en plus à prendre la forme d'une multiplicité numérique et à se déployer dans un espace homogène, c'est précisément parce que ces états de conscience affectent une nature de plus en plus inerte, une forme de plus en plus impersonnelle. Il ne faut donc pas s'étonner si celles-là seules de nos idées qui nous appartiennent le moins sont adéquatement exprimables par des mots : à celles-là seulement, comme nous verrons, s'applique la théorie associationniste. Extérieures les unes aux autres, elles entretiennent entre elles des rapports où la nature intime de chacune d'elles n'entre pour rien, des rapports qui peuvent se classer : on dira donc qu'elles s'associent par contiguïté, ou par quelque raison logique. Mais si, creusant au-dessous de la surface de contact entre le moi et les choses extérieures, nous pénétrons dans les profondeurs de l'intelligence organisée et vivante, nous assisterons à la superposition ou plutôt à la fusion intime de bien des idées qui, une fois dissociées, paraissent s'exclure sous forme de termes logiquement contradictoires. Les rêves les plus bizarres, où deux images se recouvrent et nous présentent tout à la fois deux personnes différentes, qui n'en feraient pourtant qu'une, donneront une faible idée de l'interpénétration de nos concepts à l'état de veille. L'imagination du rêveur, isolée du monde externe, reproduit sur de simples images et parodie à sa manière le travail qui se poursuit sans cesse, sur des idées, dans les régions plus profondes de la vie intellectuelle.

Ainsi se vérifie, ainsi s'éclaircira par une étude plus approfondie des faits internes, le principe que nous énoncions d'abord : la vie consciente se présente sous un double aspect, selon qu'on l'aperçoit directement ou par réfraction à travers l'espace. — Considérés en eux-mêmes, les états de conscience profonds n'ont aucun rapport avec la quantité ; ils sont qualité pure ; ils se mêlent de telle manière qu'on ne saurait dire s'ils sont un ou plusieurs, ni même les examiner à ce point de vue sans les dénaturer aussitôt. La durée qu'ils créent ainsi est une durée dont les moments ne constituent pas une multiplicité numérique : caractériser ces moments en disant qu'ils empiètent les uns sur les autres, ce serait encore les distinguer. Si chacun de nous vivait d'une vie purement individuelle, s'il n'y avait ni société ni langage, notre conscience saisirait-elle sous cette forme indistincte la série des états internes ? Pas tout à fait, sans doute, parce que nous conserverions l'idée d'un espace homogène où les objets se distinguent nettement les uns des autres, et qu'il est trop commode d'aligner dans un pareil milieu, pour les résoudre en termes plus simples, les états en quelque sorte nébuleux qui frappent au premier abord le regard de la conscience. Mais aussi, remarquons-le bien, l'intuition d'un espace homogène est déjà un acheminement à la vie sociale. L'animal ne se représente probablement pas, comme nous, en outre de ses sensations, un monde extérieur bien distinct de lui, qui soit la propriété commune de tous les êtres conscients. La tendance en vertu de laquelle nous nous figurons nettement cette extériorité des choses et cette homogénéité de leur milieu est la même qui nous porte à vivre en commun et à parler. Mais à mesure que se réalisent plus complètement les conditions de la vie sociale, à mesure aussi s'accentue davantage le courant qui emporte nos états de conscience du dedans au dehors : petit à petit ces états se transforment en objets ou en choses ; ils ne se détachent pas seulement les uns des autres, mais encore de nous. Nous ne les apercevons plus alors que dans le milieu homogène où nous en avons figé l'image et à travers le moi qui leur prête sa banale coloration. Ainsi se forme un second moi qui recouvre le premier, un moi dont l'existence a des moments distincts, dont les états se détachent les uns des autres et s'expriment, sans peine par des mots. Et qu'on ne nous reproche pas ici de dédoubler la personne, d'y introduire sous une autre forme la multiplicité numérique que nous en avions exclue d'abord. C'est le même moi qui aperçoit des états distincts, et qui, fixant ensuite davantage son attention, verra ces états se fondre entre eux comme des aiguilles de neige au contact prolongé de la main Et, à vrai dire, pour la commodité du langage, il a tout intérêt à ne pas rétablir la confusion là où règne l'ordre, et à ne point troubler cet ingénieux arrangement d'états en quelque sorte impersonnels par lequel il a cessé de former « un empire dans un empire ». Une vie intérieure aux moments bien distincts, aux états nettement caractérisés, répondra mieux aux exigences de la vie sociale. Même, une psychologie superficielle pourra se contenter de la décrire sans tomber pour cela dans l'erreur, à condition toutefois de se restreindre à l'étude des faits une fois produits, et d'en négliger le mode de formation. — Mais si, passant de la statique à la dynamique, cette psychologie prétend raisonner sur les faits s'accomplissant comme elle a raisonné sur les faits accomplis, si elle nous présente le moi concret et vivant comme une association de termes qui, distincts les uns des autres, se juxtaposent dans un milieu homogène, elle verra se dresser devant elle d'insurmontables difficultés. Et ces difficultés se multiplieront à mesure qu'elle déploiera de plus grands efforts pour les résoudre, car tous ses efforts ne feront que dégager de mieux en mieux l'absurdité de l'hypothèse fondamentale par laquelle on a déroulé le temps dans l'espace, et placé la succession au sein même de la simultanéité. — Nous allons voir que les contradictions inhérentes aux problèmes de la causalité, de la liberté, de la personnalité en un mot, n'ont pas d'autre origine, et qu'il suffit, pour les écarter, de substituer le moi réel, le moi concret, à sa représentation symbolique.

CHAPITRE III.
De l'organisation des états de conscience. La liberté

Il n'est pas difficile de comprendre pourquoi la question de la liberté met aux prises ces deux systèmes opposés de la nature, mécanisme et dynamisme. Le dynamisme part de l'idée d'activité volontaire, fournie par la conscience, et arrive à la représentation de l'inertie en vidant peu à peu cette idée : il conçoit donc sans peine une force libre d'un côté, et de l'autre une matière gouvernée par des lois. Mais le mécanisme suit la marche inverse. Les matériaux dont il opère la synthèse, il les suppose régis par des lois nécessaires, et bien qu'il aboutisse à des combinaisons de plus en plus riches, de plus en plus malaisées à prévoir, de plus en plus contingentes cri apparence, il ne sort pas du cercle étroit de la nécessité, où il s'était enfermé d'abord. — En approfondissant ces deux conceptions de la nature, on verrait qu'elles impliquent deux hypothèses assez différentes sur les rapports de la loi avec le fait qu'elle régit. A mesure qu'il élève plus haut ses regards, le dynamiste croit apercevoir des faits qui se dérobent davantage à l'étreinte des lois : il érige donc le fait en réalité absolue, et la loi en expression plus ou moins symbolique de cette réalité. Au contraire, le mécanisme démêle au sein du fait particulier un certain nombre de lois dont celui-ci constituerait, en quelque sorte, le point d'intersection ; c'est la loi qui deviendrait, dans cette hypothèse, la réalité fondamentale. — Que si, maintenant, on cherchait pourquoi les uns attribuent au fait et les autres à la loi une réalité supérieure, on trouverait, croyons-nous, que le mécanisme et le dynamisme prennent le mot simplicité dans deux sens très différents. Est simple, pour le premier, tout principe dont les effets se prévoient et même se calculent : la notion d'inertie devient ainsi, par définition même, plus simple que celle de liberté, l'homogène plus simple que l'hétérogène, l'abstrait plus simple que le concret. Mais le dynamisme ne cherche pas tant à établir entre les notions l'ordre le plus commode qu'à en retrouver la filiation réelle : souvent, en effet, la prétendue notion simple — celle que le mécaniste tient pour primitive — a été obtenue par la fusion de plusieurs notions plus riches qui en paraissent dériver, et qui se sont neutralisées l'une l'autre dans cette fusion même, comme une obscurité naît de l'interférence de deux lumières. Envisagée de ce nouveau point de vue, l'idée de spontanéité est incontestablement plus simple que celle d'inertie, puisque la seconde ne saurait se comprendre ni se définir que par la première, et que la première se suffit. Chacun de nous a en effet le sentiment immédiat, réel ou illusoire, de sa libre spontanéité, sans que l'idée d'inertie entre pour quoi que ce soit dans cette représentation. Mais pour définir l'inertie de la matière, on dira qu'elle ne peut se mouvoir d'elle-même ni d'elle-même s'arrêter, que tout corps persévère dans le repos ou le mouvement tant qu'aucune force n'intervient : et, dans les deux cas, c'est à l'idée d'activité qu'on se reporte nécessairement. Ces diverses considérations nous permettent de comprendre pourquoi, *a priori*, on aboutit à deux conceptions opposées de l'activité humaine, selon la manière dont on entend le rapport du concret à l'abstrait, du simple au complexe, et des faits aux lois.

Toutefois, *a posteriori*, on invoque contre la liberté des faits précis, les uns physiques, les autres psychologiques. Tantôt on allègue que nos actions sont nécessitées par nos sentiments, nos idées, et toute la série antérieure de nos états de conscience ; tantôt on dénonce la liberté comme incompatible avec les propriétés fondamentales de la matière, et en particulier avec le principe de la conservation de la force. De là deux espèces de déterminisme, deux démonstrations empiriques, différentes en apparence, de la nécessité universelle. Nous allons montrer que la seconde de ces deux formes se ramène à la première, et que tout déterminisme, même physique, implique une hypothèse psychologique : nous établirons ensuite que le déterminisme psychologique lui-même, et les réfutations qu'on en donne, reposent sur une conception inexacte de la multiplicité des états de conscience et surtout de la durée. Ainsi, à la lumière des principes développés dans le chapitre précédent, nous verrons apparaître un moi dont l'activité ne saurait être comparée à celle d'aucune autre force.

Le déterminisme physique, sous sa forme la plus récente, est intimement lié aux théories mécaniques, ou plutôt cinétiques, de la matière. On se représente l'univers comme un amas de matière, que l'imagination résout en molécules et en atomes. Ces particules exécuteraient sans relâche des mouvements de toute nature, tantôt vibratoires, tantôt de translation ; et les phénomènes physiques, les actions chimiques, les qualités de la matière que nos sens perçoivent, chaleur, son, électricité, attraction même peut-être, se réduiraient objectivement à ces mouvements élémentaires. La matière qui entre dans la composition des corps organisés étant soumise aux mêmes lois, on ne trouverait pas autre chose dans le système nerveux, par exemple, que des molécules et atomes qui se meuvent, s'attirent et se repoussent les uns les autres. Or, si tous les corps, organisés ou inorganisés, agissent et réagissent ainsi entre eux dans leurs parties élémentaires, il est évident que l'état moléculaire du cerveau à un moment donné sera modifié par les chocs que le système nerveux reçoit de la matière environnante ; de sorte que les sensations, sentiments et idées qui se succèdent en nous pourront se définir des résultantes mécaniques, obtenues par la composition des chocs reçus du dehors avec les mouvements dont les atomes de la substance nerveuse étaient animés antérieurement. Mais le phénomène inverse peut se produire ; et les mouvements moléculaires dont le système nerveux est le théâtre, se composant entre eux ou avec d'autres, donneront souvent pour résultante une réaction de notre organisme sur le monde environnant : de là les mouvements réflexes, de là aussi les actions dites libres et volontaires. Comme d'ailleurs le principe de la conservation de l'énergie a été supposé inflexible, il n'y a point d'atome, ni dans le système nerveux ni dans l'immensité de l'univers, dont la position ne soit déterminée par la somme des actions mécaniques que les autres atomes exercent sur lui. Et le mathématicien qui connaîtrait la position des molécules ou atomes d'un organisme humain à un moment donné, ainsi que la position et le mouvement de tous les atomes de l'univers capables de l'influencer, calculerait avec une précision infaillible les actions passées, présentes et futures de la personne à qui cet organisme appartient, comme on prédit un phénomène astronomique[28].

Nous ne ferons aucune difficulté pour reconnaître que cette conception des phénomènes physiologiques en général, et des phénomènes nerveux en particulier, découle assez naturellement de la loi de conservation de la force. Certes, la théorie atomique de la matière reste à l'état d'hypothèse, et les explications purement cinétiques des faits physiques perdent plus qu'elles ne gagnent à s'en rendre solidaires. Ainsi les expériences récentes de M. Hirn sur l'écoulement des gaz[29] nous invitent à voir autre chose encore dans la chaleur qu'un mouvement moléculaire. Les hypothèses relatives à la constitution de l'éther luminifère, qu'Auguste Comte traitait déjà assez dédaigneusement[30], ne paraissent guère compatibles avec la régularité constatée du mouvement des planètes[31], ni surtout avec le phénomène de la division de la lumière[32]. La question de l'élasticité des atomes soulève des difficultés insurmontables, même après les brillantes hypothèses de William Thomson. Enfin rien de plus problématique que l'existence de l'atome lui-même. À en juger par les propriétés de plus en plus nombreuses dont il a fallu l'enrichir, nous serions

---

[28] Voir à ce propos Lange, *Histoire du matérialisme*, trad, française, tome II, IIe partie.
[29] Hirn, *Recherches expérimentales et analytiques sur les lois de l'écoulement et du choc des gaz*, Paris, 1886. Voir surtout les pp. 160-171 et pp. 199-203.
[30] *Cours de philosophie positive*, tome II, 32e leçon.
[31] Hirn, *Théorie mécanique de la chaleur*, Paris, 1868, tome II, p. 267.
[32] Stallo, *La matière et la physique moderne*, Paris, 1884, page 69.

assez porté à voir dans l'atome, non pas une chose réelle, mais le résidu matérialisé des explications mécaniques. Toutefois, il faut remarquer que la détermination nécessaire des faits physiologiques par leurs antécédents s'impose en dehors de toute hypothèse sur la nature des éléments ultimes de la matière, et par cela seul qu'on étend à tous les corps vivants le théorème de la conservation de l'énergie. Car admettre l'universalité de ce théorème, c'est supposer, au fond, que les points matériels dont l'univers se compose sont uniquement soumis à des forces attractives et répulsives, émanant de ces points eux-mêmes, et dont les intensités ne dépendent que des distances : d'où résulterait que la position relative de ces points matériels à un moment donné — quelle que soit leur nature — est rigoureusement déterminée par rapport à ce qu'elle était au moment précédent. Plaçons-nous donc pour un instant dans cette dernière hypothèse : nous nous proposons de montrer d'abord qu'elle n'entraîne pas la détermination absolue de nos états de conscience les uns par les autres, et ensuite que cette universalité même du principe de la conservation de l'énergie ne saurait être admise qu'en vertu de quelque hypothèse psychologique.

À supposer, en effet, que la position, la direction et la vitesse de chaque atome de matière cérébrale fussent déterminées à tous les moments de la durée, il ne s'ensuivrait en aucune manière que notre vie psychologique fût soumise à la même fatalité. Car il faudrait d'abord prouver qu'à un état cérébral donné correspond un état psychologique déterminé rigoureusement, et cette démonstration est encore à faire, On ne songe pas à l'exiger, le plus souvent, parce qu'on sait qu'une vibration déterminée du tympan, un ébranlement déterminé du nerf auditif, donnent une note déterminée de la gamme, et que le parallélisme des deux séries physique et psychologique a été constaté dans un nombre de cas assez considérable. Mais aussi personne n'a soutenu que nous fussions libres, dans des conditions données, d'entendre telle note ou d'apercevoir telle couleur qu'il nous plaira. Les sensations de ce genre, comme beaucoup d'autres états psychiques, sont manifestement liées à certaines conditions déterminantes, et c'est précisément pour cela qu'on a pu imaginer ou retrouver au-dessous d'elles un système de mouvements que notre mécanique abstraite gouverne. Bref, partout où l'on réussit à donner une explication mécanique, on remarque un parallélisme à peu près rigoureux entre les deux séries physiologique et psychologique, et il ne faut pas s'en étonner, puisque les explications de ce genre ne se rencontreront, à coup sûr, que là où les deux séries présentent des éléments parallèles. Mais étendre ce parallélisme aux séries elles-mêmes dans leur totalité, c'est trancher a priori le problème de la liberté. Cela est permis, assurément, et les plus grands penseurs n'ont point hésité à le faire ; mais aussi, comme nous l'annoncions d'abord, ce n'est pas pour des raisons d'ordre physique qu'ils affirmaient la correspondance rigoureuse des états de conscience aux modes de l'étendue. Leibnitz l'attribuait à une harmonie préétablie, sans admettre qu'en aucun cas le mouvement pût engendrer la perception, à la manière d'une cause produisant son effet. Spinoza disait que les modes de la pensée et les modes de l'étendue se correspondent, mais sans jamais s'influencer : ils développeraient, dans deux langues différentes, la même éternelle vérité. Mais la pensée du déterminisme physique, telle qu'elle se produit de notre temps, est loin d'offrir la même clarté, la même rigueur géométrique. On se représente des mouvements moléculaires s'accomplissant dans le cerveau ; la conscience s'en dégagerait parfois sans qu'on sache comment, et en illuminerait la trace à la manière d'une phosphorescence. Ou bien encore en songera à ce musicien invisible qui joue derrière la scène pendant que l'acteur touche un clavier dont les notes ne résonnent point : la conscience viendrait d'une région inconnue se superposer aux vibrations moléculaires, comme la mélodie aux mouvements rythmés de l'acteur. Mais, à quelque image que l'on se reporte, on ne démontre pas, on ne démontrera jamais que le fait psychologique soit déterminé nécessairement par le mouvement moléculaire. Car dans un mouvement on trouvera la raison d'un autre mouvement, mais non pas celle d'un état de conscience : seule, l'expérience pourra établir que ce dernier accompagne l'autre. Or la liaison constante des deux termes n'a été vérifiée expérimentalement que dans un nombre très restreint de cas, et pour des faits qui, de l'aveu de tous, sont à peu près indépendants de la volonté. Mais il est aisé de comprendre pourquoi le déterminisme physique étend cette liaison à tous les cas possibles.

La conscience nous avertit en effet que la plupart de nos actions s'expliquent par des motifs. D'autre part, il ne semble pas que détermination signifie ici nécessité, puisque le sens commun croit au libre arbitre. Mais le déterministe, trompé, par une conception de la durée et de la causalité que nous critiquerons en détail un peu plus loin, tient pour absolue la détermination des faits de conscience les uns par les autres. Ainsi naît le déterminisme associationniste, hypothèse à l'appui de laquelle on invoquera le témoignage de la conscience, mais qui ne peut encore prétendre à une rigueur scientifique. Il semble naturel que ce déterminisme en quelque sorte approximatif, ce déterminisme de la qualité, cherche à s'étayer du même mécanisme qui soutient les phénomènes de la nature : celui-ci prêterait à celui-là son caractère géométrique, et l'opération profiterait tout ensemble au déterminisme psychologique, qui en sortirait plus rigoureux, et au mécanisme physique, qui deviendrait universel. Une circonstance heureuse favorise ce rapprochement. Les faits psychologiques les plus simples, en effet, viennent se poser d'eux-mêmes sur des phénomènes physiques bien définis, et la plupart des sensations paraissent liées à certains mouvements moléculaires. Ce commencement de preuve expérimentale suffit amplement à celui qui, pour des raisons d'ordre psychologique, a déjà admis la détermination nécessaire de nos états de conscience par les circonstances où ils se produisent. Dès lors il n'hésite plus à tenir la pièce qui se joue sur le théâtre de la conscience pour une traduction, toujours littérale et servile, de quelques-unes des scènes qu'exécutent les molécules et atomes de la matière organisée. Le déterminisme physique, auquel on aboutit ainsi, n'est point autre chose que le déterminisme psychologique, cherchant à se vérifier lui-même et à fixer ses propres contours par un appel aux sciences de la nature.

Toutefois. il faut bien reconnaître que la part de liberté qui nous reste après une application rigoureuse du principe de la conservation de la force est assez restreinte. Car si cette loi n'influe pas nécessairement sur le cours de nos idées, elle déterminera du moins nos mouvements. Notre vie intérieure dépendra bien encore de nous jusqu'à un certain point ; mais, pour un observateur placé au dehors, rien ne distinguera notre activité, d'un automatisme absolu. Il importe donc de se demander si l'extension que l'on fait du principe de la conservation de la force à tous les corps de la nature n'implique pas elle-même quelque théorie psychologique, et si le savant qui n'aurait a priori aucune prévention contre la liberté humaine songerait à ériger ce principe en loi universelle.

Il ne faudrait pas s'exagérer le rôle du principe de la conservation de l'énergie dans l'histoire des sciences de la nature. Sous sa forme actuelle, il marque une certaine phase de l'évolution de certaines sciences ; mais il n'a pas présidé à cette évolution, et on aurait tort d'en faire le postulat indispensable de toute recherche scientifique. Certes, toute opération mathématique que l'on exécute sur une quantité donnée implique la permanence de cette quantité à travers le cours de l'opération de quelque manière qu'on la décompose. En d'autres termes, ce qui est donné est donné, ce qui n'est pas donné n'est pas donné, et dans quelque ordre qu'on fasse la somme des mêmes termes, on trouvera le même résultat. La science demeurera éternellement soumise à cette loi, qui n'est que la loi de non-contradiction ; mais cette loi n'implique aucune hypothèse spéciale sur la nature de ce qu'on devra se donner, ni de ce qui restera constant. Elle nous avertit bien, en un certain sens, que quelque chose ne saurait venir de rien ; mais l'expérience seule nous dira quels sont les aspects ou fonctions de la réalité qui, scientifiquement, devront compter pour quelque chose, et quels sont ceux qui, au point de vue de la science positive, ne devront compter pour rien. Bref, pour prévoir l'état d'un système déterminé à un moment déterminé, il faut de toute nécessité que quelque chose s'y conserve en quantité constante à travers une série de combinaisons ; mais il appartient à l'expérience de prononcer sur la nature de cette chose, et surtout de nous faire savoir si on la retrouve dans tous les systèmes possibles, si tous les systèmes possibles, en d'autres termes, se prêtent à nos calculs. Il n'est pas démontré que tous les physiciens antérieurs à Leibnitz aient cru, comme Descartes, à la conservation d'une même quantité de mouvement dans l'univers : leurs découvertes en ont-elles eu moins de valeur, ou leurs recherches moins de succès ? Même lorsque Leibnitz eut substitué à ce principe celui de la conservation de la force vive, on ne pouvait considérer la loi ainsi formulée comme tout à fait générale, puisqu'elle admettait une exception évidente dans le cas du choc central de deux corps inélastiques. On s'est donc fort longtemps passé d'un principe conservateur universel. Sous sa forme actuelle, et depuis la constitution de la théorie mécanique de la chaleur, le principe de la conservation de l'énergie paraît bien applicable à l'universalité des phénomènes physico-chimiques. Mais rien ne dit que l'étude des phénomènes physiologiques en général, et nerveux en particulier, ne nous révélera pas à côté de la force vive ou énergie cinétique dont parlait Leibnitz, à côté de l'énergie potentielle qu'on a dû y joindre plus tard, quelque énergie d'un genre nouveau, qui se distingue des deux autres en ce qu'elle ne se prête plus au calcul. Les sciences de la nature ne perdraient rien par là de leur précision ni de leur rigueur géométrique, comme on l'a prétendu dans ces derniers temps ; il demeurerait seulement entendu que les systèmes conservatifs ne sont pas les seuls systèmes possibles, ou même peut-être que ces systèmes jouent, dans l'ensemble de la réalité concrète, le même rôle que l'atome du chimiste dans les corps et leurs combinaisons. Remarquons que le mécanisme le plus radical est celui qui fait de la conscience un *épiphénomène*, capable de venir s'ajouter, dans des circonstances données, à certains mouvements moléculaires. Mais si le mouvement moléculaire peut créer de la sensation avec un néant de conscience, pourquoi la conscience ne créerait-elle pas du mouvement à son tour, soit avec un néant d'énergie cinétique et potentielle, soit en utilisant cette énergie a sa manière ? —Remarquons en outre que toute application intelligible de la loi de conservation de l'énergie se fait à un système dont les points, capables de se mouvoir, sont susceptibles aussi de revenir à leur position première. On conçoit du moins ce retour comme possible, et l'on admet que, dans ces conditions, rien ne serait changé à l'état primitif du système tout entier ni de ses parties élémentaires. Bref, le temps n'a pas de prise sur lui ; et la croyance vague et instinctive de l'humanité à la conservation d'une même quantité de matière, d'une même quantité de force, tient précisément peut-être à ce que la matière inerte ne paraît pas durer, ou du moins ne conserve aucune trace du temps écoulé. Mais il n'en est pas de même dans le domaine de la vie. Ici la durée semble bien agir à la manière d'une cause, et l'idée de remettre les choses en place au bout d'un certain temps implique une espèce d'absurdité, puisque pareil retour en arrière ne s'est jamais effectué chez un être vivant. Mais admettons que l'absurdité soit purement apparente, et tienne à ce que les phénomènes physico-chimiques qui s'effectuent dans les corps vivants, étant infiniment complexes, n'ont aucune chance de se reproduire jamais tous à la fois : on nous accordera du moins que l'hypothèse d'un retour en arrière devient inintelligible dans la région des faits de conscience. Une sensation, par cela seul qu'elle se prolonge, se modifie au point de devenir insupportable. Le même ne demeure pas ici le même, mais se renforce et se grossit de tout son passé. Bref, si le point matériel, tel que la mécanique l'entend, demeure dans un éternel présent, le passé est une réalité pour les corps vivants peut-être, et à coup sûr pour les êtres conscients. Tandis que le temps écoulé ne constitue ni un gain ni une perte pour un système supposé conservatif, c'est un gain, sans doute, pour l'être vivant, et incontestablement pour l'être conscient. Dans ces conditions, ne peut-on pas invoquer des présomptions en faveur de l'hypothèse d'une force consciente ou volonté libre, qui, soumise à l'action du temps et emmagasinant la durée, échapperait par là même à la loi de conservation de l'énergie ?

À vrai dire, ce n'est pas la nécessité de fonder la science, c'est bien plutôt une erreur d'ordre psychologique qui a fait ériger ce principe abstrait de mécanique en loi universelle. Comme nous n'avons point coutume de nous observer directement nous-mêmes, mais que nous nous apercevons à travers des formes empruntées au monde extérieur, nous finissons par croire que la durée réelle, la durée vécue par la conscience, est la même que cette durée qui glisse sur les atomes inertes sans y rien changer. De là vient que nous ne voyons pas d'absurdité, une fois le temps écoulé, à remettre les choses en place, à supposer les mêmes motifs agissant de nouveau sur les mêmes personnes, et à conclure que ces causes produiraient encore le même effet. Nous nous proposons de montrer un peu plus loin que cette hypothèse est inintelligible. Bornons-nous, pour le moment, à constater qu'une fois engagé dans cette voie, on aboutit fatalement à ériger le principe de la conservation de l'énergie en loi universelle. C'est qu'on a précisément fait abstraction de la différence fondamentale qu'un examen attentif nous révèle entre le monde extérieur et le monde interne : on a identifié la durée vraie avec la durée apparente. Dès lors il y aurait absurdité à jamais considérer le temps, même le nôtre, comme une cause de gain ou de perte, comme une réalité concrète, comme une force à sa manière. Aussi, tandis qu'abstraction faite de toute hypothèse sur la liberté on se bornerait à dire que la loi de conservation de l'énergie régit les phénomènes physiques en attendant que les faits psychologiques la confirment, on dépasse infiniment cette proposition, et, sous l'influence d'un préjugé métaphysique, on avance que le principe de la conservation de la force s'appliquera à la totalité des phénomènes tant que les faits psychologiques ne lui auront pas donné tort. La science proprement dite n'a donc rien à voir ici ; nous sommes en présence d'une assimilation arbitraire de deux conceptions de la durée qui, selon nous, diffèrent profondément. Bref, le prétendu déterminisme physique se réduit, au fond, à un déterminisme psychologique, et c'est bien cette dernière doctrine, comme nous l'annoncions tout d'abord, qu'il s'agit d'examiner.

Le déterminisme psychologique, sous sa forme la plus précise et la plus récente, implique une conception associationniste de l'esprit. On se représente l'état de conscience actuel comme nécessité par les états antérieurs, et pourtant on sent bien qu'il n'y a point là une nécessité géométrique, comme celle qui lie une résultante, par exemple, aux mouvements composants. Car il existe entre des états de conscience successifs une différence de qualité, qui fait que l'on échouera toujours à déduire l'un d'eux, a priori, de ceux qui le précèdent. On s'adresse alors à l'expérience, et on lui demande de montrer que le passage d'un état psychologique au suivant s'explique toujours par quelque raison simple, le second obéissant en quelque sorte à l'appel du premier. Elle le montre en effet ; et nous admettrons sans peine, quant à nous, l'existence d'une relation entre l'état actuel et tout état nouveau auquel la conscience passe. Mais cette relation, qui explique le passage, en est-elle la cause ?

Qu'on nous permette de rapporter ici une observation personnelle. Il nous est arrivé, en reprenant une conversation interrompue pendant quelques instants, de nous apercevoir que nous pensions en même temps, notre interlocuteur et nous, à quelque nouvel objet. — C'est, dira-t-on, que chacun a poursuivi de son côté le développement naturel de l'idée sur laquelle s'était arrêtée la conversation ; la même série d'associations s'est formée de part et d'autre. — Nous n'hésiterons pas à adopter cette interprétation pour un assez grand nombre de cas ; toutefois une enquête minutieuse nous a conduit ici à un résultat inattendu. Il est bien vrai que les deux interlocuteurs rattachent le nouveau sujet de conversation à l'ancien ; ils indiqueront même les idées intermédiaires ; mais, chose curieuse, ce n'est pas toujours au même point de la conversation antérieure qu'ils rattacheront la nouvelle idée commune, et les deux séries d'associations intermédiaires pourront différer radicalement. Que conclure de là, sinon que cette idée commune dérive d'une cause inconnue — peut-être de quelque influence physique — et que, pour légitimer son apparition, elle a suscité une série d'antécédents qui l'expliquent, qui en paraissent être la cause, et qui en sont pourtant l'effet ?

Quand un sujet exécute à l'heure indiquée la suggestion reçue dans l'état d'hypnotisme, l'acte qu'il accomplit est amené, selon lui, par la série antérieure de ses états de conscience. Pourtant ces états sont en réalité des effets, et non des causes : il fallait que l'acte s'accomplît ; il fallait aussi que le sujet se l'expliquât ; et c'est l'acte futur qui a déterminé, par une espèce d'attraction, la série continue d'états psychiques d'où il sortira ensuite naturellement. Les déterministes s'empareront de cet argument : il prouve en effet que nous subissons parfois d'une manière irrésistible l'influence d'une volonté étrangère. Mais ne nous ferait-il pas tout aussi bien comprendre comment notre propre volonté est capable de vouloir pour vouloir, et de laisser ensuite l'acte accompli s'expliquer par des antécédents dont il a été la cause ?

En nous interrogeant scrupuleusement nous-mêmes, nous verrons qu'il nous arrive de peser des motifs, de délibérer, alors que notre résolution est déjà prise. Une voix intérieure, à peine perceptible, murmure : « Pourquoi cette délibération ? tu en connais l'issue, et tu sais bien ce que tu vas faire. » Mais n'importe ! il semble que nous tenions à sauvegarder le principe du mécanisme, et à nous mettre en règle avec les lois de l'association des idées. L'intervention brusque de la volonté est comme un coup d'état dont notre intelligence aurait le pressentiment, et qu'elle légitime à l'avance par une délibération régulière. Il est vrai qu'on pourrait se demander si la volonté, même lorsqu'elle veut pour vouloir, n'obéit pas à quelque raison décisive, et si vouloir pour vouloir serait vouloir librement. Nous n'insisterons pas sur ce point pour le moment. Il nous suffira d'avoir montré que, même en se plaçant au point de vue de l'associationnisme, il est difficile d'affirmer l'absolue détermination de l'acte par ses motifs, et celle de nos états de conscience les uns par les autres. Sous ces apparences trompeuses une psychologie plus attentive nous révèle parfois des effets qui précèdent leurs causes, et des phénomènes d'attraction psychique qui échappent aux lois connues de l'association des idées. — Mais le moment est venu de se demander si le point de vue même où l'associationnisme se place n'implique pas une conception défectueuse du moi, et de la multiplicité des états de conscience.

Le déterminisme associationniste se représente le moi comme un assemblage d'états psychiques, dont le plus fort exerce une influence prépondérante et entraîne les autres avec lui. Cette doctrine distingue donc nettement les uns des autres les faits psychiques coexistants : « J'aurais pu m'abstenir de tuer, dit Stuart Mill, si mon aversion pour le crime et mes craintes de ses conséquences avaient été plus faibles que la tentation qui me poussait à le commettre[33]. » Et un peu plus loin : « Son désir de faire le bien et son aversion pour le mal sont assez forts pour vaincre… tout autre désir ou toute autre aversion contraires[34]. » Ainsi le désir, l'aversion, la crainte, la tentation sont présentés ici comme choses distinctes, et que rien n'empêche, dans le cas actuel, de nommer séparément. Même lorsqu'il rattache ces états au moi qui les subit, le philosophe anglais

---

[33] *La philosophie de Hamilton*, trad. Cazelles, p. 554.
[34] *Ibid.*, p. 556.

tient à établir encore des distinctions tranchées : « Le conflit a lieu… entre moi qui désire un plaisir et moi qui crains les remords[35]. » De son côté, M. Alexandre Bain consacre un chapitre entier au « Conflit des Motifs[36] ». Il y met en balance les plaisirs et les peines, comme autant de termes auxquels on pourrait attribuer, au moins par abstraction, une existence propre. Notons que les adversaires mêmes du déterminisme le suivent assez volontiers sur ce terrain, qu'ils parlent, eux aussi, d'associations d'idées et de conflits de motifs, et qu'un des plus profonds parmi ces philosophes, M. Fouillée, n'hésite pas à faire de l'idée de liberté elle-même un motif capable d'en contrebalancer d'autres[37]. — On s'expose cependant ici à une confusion grave, qui tient à ce que le langage n'est pas fait pour exprimer toutes les nuances des états internes.

Je me lève par exemple pour ouvrir la fenêtre, et voici qu'à peine debout j'oublie ce que j'avais à faire je demeure immobile. — Rien de plus simple, dira-t-on vous avez associé deux idées, celle d'un but à atteindre et celle d'un mouvement à accomplir : l'une des idées s'est évanouie, et, seule, la représentation du mouvement demeure. Cependant je ne me rassieds point ; je sens confusément qu'il me reste quelque chose à faire. Mon immobilité n'est donc pas une immobilité quelconque ; dans la position où je me tiens est comme préformé l'acte à accomplir ; aussi n'ai-je qu'à conserver cette position, à l'étudier ou plutôt à la sentir intimement, pour y retrouver l'idée un instant évanouie. Il faut donc bien que cette idée ait communiqué à l'image interne du mouvement esquissé et de la position prise une coloration spéciale, et cette coloration n'eût point été la même, sans doute, si le but à atteindre avait été différent. Néanmoins le langage eût encore exprimé ce mouvement et cette position de la même manière ; et le psychologue associationniste aurait distingué les deux cas en disant qu'à l'idée du même mouvement était associée cette fois celle d'un but nouveau — comme si la nouveauté même du but à atteindre ne modifiait pas dans sa nuance la représentation du mouvement à accomplir, ce mouvement fût-il identique dans l'espace ! Il ne faudrait donc pas dire que la représentation d'une certaine position peut se lier dans la conscience à l'image de différents buts à atteindre, mais plutôt que des positions géométriquement identiques s'offrent à la conscience du sujet sous des formes différentes, selon le but représenté. Le tort de l'associationnisme est d'avoir éliminé d'abord l'élément qualitatif de l'acte à accomplir, pour n'en conserver que ce qu'il a de géométrique et d'impersonnel : à l'idée de cet acte, ainsi décolorée, il a fallu associer alors quelque différence spécifique, pour la distinguer de beaucoup d'autres. Mais cette association est l'œuvre du

---

[35] *Ibid.*, p. 555.
[36] *The Emotions and the Will*, chapitre VI.
[37] Fouillée, *La liberté et le Déterminisme*.

philosophe associationniste qui étudie mon esprit, bien plutôt que de mon esprit lui-même.

Je respire l'odeur d'une rose, et aussitôt des souvenirs confus d'enfance me reviennent à la mémoire. A vrai dire, ces souvenirs n'ont point été évoqués par le parfum de la rose : je les respire dans l'odeur même ; elle est tout cela pour moi. D'autres la sentiront différemment. — C'est toujours la même odeur, direz-vous, mais associée à des idées différentes. — Je veux bien que vous vous exprimiez ainsi ; mais n'oubliez pas que vous avez d'abord éliminé, des impressions diverses que la rose fait sur chacun de nous, ce qu'elles ont de personnel ; vous n'en avez conservé que l'aspect objectif, ce qui, dans l'odeur de rose, appartient au domaine commun et, pour tout dire, à l'espace. A cette condition seulement, d'ailleurs, on a pu donner un nom à la rose et à son parfum. Il a bien fallu alors, pour distinguer nos impressions personnelles les unes des autres, ajouter à l'idée générale d'odeur de rose des caractères spécifiques. Et vous dites maintenant que nos diverses impressions, nos impressions personnelles, résultent de ce que nous associons à l'odeur de rose des souvenirs différents. Mais l'association dont vous parlez n'existe guère que pour vous, et comme procédé, d'explication. C'est ainsi qu'en juxtaposant certaines lettres d'un alphabet commun à bien des langues on imitera tant bien que mal tel son caractéristique, propre à une langue déterminée ; mais aucune de ces lettres n'avait servi à composer le son lui-même.

Nous sommes ainsi ramenés à la distinction que nous avons établie plus haut entre la multiplicité de juxtaposition et la multiplicité de fusion ou de pénétration mutuelle. Tel sentiment, telle idée renferme une pluralité indéfinie de faits de conscience ; mais la pluralité n'apparaîtra que par une espèce de déroulement dans ce milieu homogène que quelques-uns appellent durée et qui est en réalité espace. Nous apercevrons alors des termes extérieurs les uns aux autres, et ces termes ne seront plus les faits de conscience eux-mêmes, mais leurs symboles, ou, pour parler avec plus de précision, les mots qui les expriment. Il y a, comme nous l'avons montré, une corrélation intime entre la faculté de concevoir un milieu homogène, tel que l'espace, et celle de penser par idées générales. Dès qu'on cherchera à se rendre compte d'un état de conscience, à l'analyser, cet état éminemment personnel se résoudra en éléments impersonnels, extérieurs les uns aux autres, dont chacun évoque l'idée d'un genre et s'exprime par un mot. Mais parce que notre raison, armée de l'idée d'espace et de la puissance de créer des symboles, dégage ces éléments multiples du tout, il ne s'ensuit pas qu'ils y fussent contenus. Car au sein du tout ils n'occupaient point d'espace et ne cherchaient point à s'exprimer par des symboles ; ils se pénétraient, et se fondaient les uns dans les autres. L'associationnisme a donc le tort de substituer sans cesse au phénomène concret qui se passe dans l'esprit la reconstitution artificielle que la philosophie en donne, et de confondre ainsi l'explication du fait avec le fait lui-même. C'est d'ailleurs ce qu'on apercevra plus clairement à mesure que l'on considérera des états plus profonds et plus compréhensifs de l'âme.

Le moi touche en effet au monde extérieur par sa surface ; et comme cette surface conserve l'empreinte des choses, il associera par contiguïté des termes qu'il aura perçus juxtaposés : c'est à des liaisons de ce genre, liaisons de sensation, — tout à fait simples et pour ainsi dire impersonnelles, que la théorie associationniste convient. Mais à mesure que l'on creuse au-dessous de cette surface, à mesure que le moi redevient lui-même, à mesure aussi ses états de conscience cessent de se juxtaposer pour se pénétrer, se fondre ensemble, et se teindre chacun de la coloration de tous les autres. Ainsi chacun de nous a sa manière d'aimer et de haïr, et cet amour, cette haine, reflètent sa personnalité tout entière. Cependant le langage désigne ces états par les mêmes mots chez tous les hommes ; aussi n'a-t-il pu fixer que l'aspect objectif et impersonnel de l'amour, de la haine, et des mille sentiments qui agitent l'âme. Nous jugeons du talent d'un romancier à la puissance avec laquelle il tire du domaine public, où le langage les avait ainsi fait descendre, des sentiments et des idées auxquels il essaie de rendre, par une multiplicité de détails qui se juxtaposent, leur primitive et vivante individualité. Mais de même qu'on pourra intercaler indéfiniment des points entre deux positions d'un mobile sans jamais combler l'espace parcouru, ainsi, par cela seul que nous parlons, par cela seul que nous associons des idées les unes aux autres et que ces idées se juxtaposent au lieu de se pénétrer, nous échouons à traduire entièrement ce que notre âme ressent : la pensée demeure incommensurable avec le langage.

C'est donc une psychologie grossière, dupe du langage, que celle qui nous montre l'âme déterminée par une sympathie, une aversion ou une haine, comme par autant de forces qui pèsent sur elle. Ces sentiments, pourvu qu'ils aient atteint une profondeur suffisante, représentent chacun l'âme entière, en ce sens que tout le contenu de l'âme se reflète en chacun d'eux. Dire que l'âme se détermine sous l'influence de l'un quelconque de ces sentiments, c'est donc reconnaître qu'elle se détermine elle-même. L'associationniste réduit le moi à un agrégat de faits de conscience, sensations, sentiments et idées. Mais s'il ne voit dans ces divers états rien de plus que ce que leur nom exprime, s'il n'en retient que l'aspect impersonnel, il pourra les juxtaposer indéfiniment sans obtenir autre chose qu'un moi fantôme, l'ombre du moi se projetant dans l'espace. Que si, au contraire, il prend ces états psychologiques avec la coloration particulière qu'ils revêtent chez une personne déterminée et qui leur vient à chacun du reflet de tous les autres, alors point n'est besoin d'associer plusieurs faits de conscience pour reconstituer la personne : elle est tout entière dans un seul d'entre eux, pourvu qu'on sache le choisir. Et la manifestation extérieure de cet état interne sera précisément ce qu'on appelle un acte libre, puisque le moi seul en aura été l'auteur, puisqu'elle exprimera le moi tout entier. En ce sens, la liberté ne présente pas le caractère absolu que le spiritualisme lui prête quelquefois ; elle admet des degrés. —Car il s'en faut que tous les états de conscience viennent se mêler à leurs congénères, comme des gouttes de pluie à l'eau d'un étang. Le moi, en tant qu'il perçoit un espace homogène, présente une certaine surface, et sur cette surface pourront se former et flotter des végétations indépendantes. Ainsi une suggestion reçue dans l'état d'hypnotisme ne s'incorpore pas à la masse des faits de conscience ; mais douée d'une vitalité propre, elle se substituera à la personne même quand son heure aura sonné. Une colère violente soulevée par quelque circonstance accidentelle, un vice héréditaire émergeant tout à coup des profondeurs obscures de l'organisme à la surface de la conscience, agiront à peu près comme une suggestion hypnotique. A côté de ces termes indépendants, on trouverait des séries plus complexes, dont les éléments se pénètrent bien les uns les autres, mais qui n'arrivent jamais à se fondre parfaitement elles-mêmes dans la masse compacte du moi. Tel est cet ensemble de sentiments et d'idées qui nous viennent d'une éducation mal comprise, celle qui s'adresse à la mémoire plutôt qu'au jugement. Il se forme ici, au sein même du moi fondamental, un moi parasite qui empiétera continuellement sur l'autre, Beaucoup vivent ainsi, et meurent sans avoir connu la vraie liberté. Mais la suggestion deviendrait persuasion si le moi tout entier se l'assimilait ; la passion, même soudaine, ne présenterait plus le même caractère fatal s'il s'y reflétait, ainsi que dans l'indignation d'Alceste, toute l'histoire de la personne ; et l'éducation la plus autoritaire ne retrancherait rien de notre liberté si elle nous communiquait seulement des idées et des sentiments capables d'imprégner l'âme entière. C'est de l'âme entière, en effet, que la décision libre émane ; et l'acte sera d'autant plus libre que la série dynamique à laquelle il se rattache tendra davantage à s'identifier avec le moi fondamental.

Ainsi entendus, les actes libres sont rares, même de la part de ceux qui ont le plus coutume de s'observer eux-mêmes et de raisonner sur ce qu'ils font. Nous avons montré que nous nous apercevions le plus souvent par réfraction à travers l'espace, que nos états de conscience se solidifiaient en mots, et que notre moi concret, notre moi vivant, se recouvrait d'une croûte extérieure de faits psychologiques nettement dessinés, séparés les uns des autres, fixés par conséquent. Nous avons ajouté que, pour la commodité du langage et la facilité des relations sociales, nous avions tout intérêt à ne pas percer cette croûte et à admettre qu'elle dessine exactement la forme de l'objet qu'elle recouvre. Nous dirons maintenant que nos actions journalières s'inspirent bien moins de nos sentiments eux-mêmes, infiniment mobiles, que des images invariables auxquelles ces sentiments adhèrent. Le matin, quand sonne l'heure où j'ai coutume de me lever, je pourrais recevoir cette impression *xun holè tè psukhè*, selon l'expression de Platon ; je pourrais lui permettre de se fondre dans la masse confuse des impressions qui m'occupent ; peut-être alors ne me déterminerait-elle point à agir. Mais le plus souvent cette impression, au lieu d'ébranler ma conscience entière comme une pierre qui tombe dans l'eau d'un bassin, se borne à remuer une idée pour ainsi dire solidifiée à la surface, l'idée de me lever et de vaquer à mes occupations habituelles. Cette impression et cette idée ont fini par se lier l'une à l'autre. Aussi l'acte suit-il l'impression sans que ma personnalité s'y intéresse : je suis ici un automate conscient, et je le suis parce que j'ai tout avantage à l'être. On verrait que la plupart de nos actions journalières s'accomplissent ainsi, et que grâce à la solidification, dans notre mémoire, de certaines sensations, de certains sentiments, de certaines idées, les impressions du dehors provoquent de notre part des mouvements qui, conscients et même intelligents, ressemblent par bien des côtés à des actes réflexes. C'est à ces actions très nombreuses, mais insignifiantes pour la plupart, que la théorie associationniste s'applique. Elles constituent, réunies, le substrat de notre activité libre, et jouent vis-à-vis de cette activité le même rôle que nos fonctions organiques par rapport à l'ensemble de notre vie consciente. Nous accorderons d'ailleurs au déterminisme que nous abdiquons souvent notre liberté dans des circonstances plus graves, et que, par inertie ou mollesse, nous laissons ce même processus local s'accomplir alors que notre personnalité tout entière devrait pour ainsi dire vibrer. Quand nos amis les plus sûrs s'accordent à nous conseiller un acte important, les sentiments qu'ils expriment avec tant d'insistance viennent se poser à la surface de notre moi, et s'y solidifier à la manière des idées dont nous parlions tout à l'heure. Petit à petit ils formeront une croûte épaisse qui recouvrira nos sentiments personnels ; nous croirons agir librement, et c'est seulement en y réfléchissant plus tard que nous reconnaîtrons notre erreur. Mais aussi, au moment où l'acte va s'accomplir, il n'est pas rare qu'une révolte se produise.

C'est le moi d'en bas qui remonte à la surface. C'est la croûte extérieure qui éclate, cédant à une irrésistible poussée. Il s'opérait donc, dans les profondeurs de ce moi, et au-dessous de ces arguments très raisonnablement juxtaposés, un bouillonnement et par là même une tension croissante de sentiments et d'idées, non point inconscients sans doute, mais auxquels nous ne voulions pas prendre garde. En y réfléchissant bien, en recueillant avec soin nos souvenirs, nous verrons que nous avons formé nous-mêmes ces idées, nous-mêmes vécu ces sentiments, mais que, par une inexplicable répugnance à vouloir, nous les avions repoussés dans les profondeurs obscures de notre être chaque fois qu'ils émergeaient à la surface. Et c'est pourquoi nous cherchons en vain à expliquer notre brusque changement de résolution par les circonstances apparentes qui le précédèrent. Nous voulons savoir en vertu de quelle raison nous nous sommes décidés, et nous trouvons que nous nous sommes décidés sans raison, peut-être même contre toute raison. Mais c'est là précisément, dans certains cas, la meilleure des raisons. Car l'action accomplie n'exprime plus alors telle idée superficielle, presque extérieure à nous, distincte et facile à exprimer : elle répond à l'ensemble de nos sentiments, de nos pensées et de nos aspirations les plus intimes, à cette conception particulière de la vie qui est l'équivalent de toute notre expérience passée, bref, à notre idée personnelle du bonheur et de l'honneur. Aussi a-t-on eu tort, pour prouver que l'homme est capable de choisir sans motif, d'aller chercher des exemples dans les circonstances ordinaires et même indifférentes de la vie. On montrerait sans peine que ces actions insignifiantes sont liées à quelque motif déterminant. C'est dans les circonstances solennelles, lorsqu'il s'agit de l'opinion que nous donnerons de nous aux autres et surtout à nous-mêmes, que nous choisissons en dépit de ce qu'on est convenu d'appeler un motif ; et cette absence de toute raison tangible est d'autant plus frappante que nous sommes plus profondément libres.

Mais le déterministe, même lorsqu'il s'abstient d'ériger en forces les émotions graves ou états profonds de l'âme, les distingue néanmoins les unes des autres, et aboutit ainsi à une conception mécaniste du moi. Il nous montrera ce moi hésitant entre deux sentiments contraires, allant de celui-ci à celui-là, et optant enfin pour l'un d'eux. Le moi et les sentiments qui l'agitent se trouvent ainsi assimilés a des choses bien définies, qui demeurent identiques à elles-mêmes pendant tout le cours de l'opération. Mais si c'est toujours le même moi qui délibère, et si les deux sentiments contraires qui l'émeuvent ne changent pas davantage, comment, en vertu même de ce principe de causalité, que le déterminisme invoque, le moi se décidera-t-il jamais ? La vérité est que le moi, par cela seul qu'il a éprouvé le premier sentiment, a déjà quelque peu changé quand le second survient : à tous les moments de la délibération, le moi se modifie et modifie aussi, par conséquent, les deux sentiments qui l'agitent. Ainsi se forme une série dynamique d'états qui se pénètrent, se renforcent. les uns les autres, et aboutiront à un acte libre par une évolution naturelle. Mais le déterministe, obéissant à un vague besoin de représentation symbolique, désignera par des mots les sentiments opposés qui se partagent le moi, ainsi que le moi lui-même. En les faisant cristalliser sous forme de mots bien définis, il enlève par avance toute espèce d'activité vivante à la personne d'abord, et ensuite aux sentiments dont elle est émue. Il verra alors, d'un côté, un moi toujours identique à lui-même, et, de l'autre, des sentiments contraires, non moins invariables, qui se le disputent ; la victoire demeurera nécessairement au plus fort. Mais ce mécanisme auquel on s'est condamné par avance n'a d'autre valeur que celle d'une représentation symbolique : il ne saurait tenir contre le témoignage d'une conscience attentive, qui nous présente le dynamisme interne comme un fait.

Bref, nous sommes libres quand nos actes émanent de notre personnalité entière, quand ils l'expriment, quand ils ont avec elle cette indéfinissable ressemblance qu'on trouve parfois entre l'œuvre et l'artiste. En vain on alléguera que nous cédons alors à l'influence toute-puissante de notre caractère. Notre caractère, c'est encore nous ; et parce qu'on s'est plu à scinder la personne en deux parties pour considérer tour à tour, par un effort d'abstraction, le moi qui sent ou pense et le moi qui agit, il y aurait quelque puérilité à conclure que l'un des deux moi pèse sur l'autre. Le même reproche s'adressera à ceux qui demandent si nous sommes libres de modifier notre caractère. Certes, notre caractère se modifie insensiblement tous les jours, et notre liberté en souffrirait, si ces acquisitions nouvelles venaient se greffer sur notre moi et non pas se fondre en lui. Mais, dès que cette fusion aura lieu, on devra dire que le changement survenu dans notre caractère est bien nôtre, que nous nous le sommes approprié. En un mot, si l'on convient d'appeler libre tout acte qui émane du moi, et du moi seulement, l'acte qui porte la marque de notre personne est véritablement libre, car notre moi seul en revendiquera la paternité. La thèse de la liberté se trouverait ainsi vérifiée si l'on consentait à ne chercher cette liberté, que dans un certain caractère de la décision prise, dans l'acte libre en un mot. Mais le déterministe, sentant bien que cette position lui échappe, se réfugie dans le passé ou dans l'avenir. Tantôt il se transporte par la pensée à une période antérieure, et affirme la détermination nécessaire, à ce moment précis, de l'acte futur ; tantôt, supposant par avance l'action accomplie, il prétend qu'elle ne pouvait se produire autrement. Les adversaires du déterminisme n'hésitent pas à le suivre sur ce nouveau terrain, et à introduire dans leur définition de l'acte libre — non sans quelque danger peut-être — la prévision de ce qu'on pourrait faire et le souvenir de quelque autre parti pour lequel on aurait pu opter. Il convient donc de se placer à ce nouveau point de vue, et de chercher, abstraction faite des influences externes et des préjugés du langage, ce que la conscience toute pure nous apprend sur l'action future ou passée. Nous saisirons ainsi par un autre côté, et en tant qu'elles portent explicitement sur une certaine conception de la durée, l'erreur fondamentale du déterminisme et l'illusion de ses adversaires.

« Avoir conscience du libre arbitre, dit Stuart Mill, signifie avoir conscience, avant d'avoir choisi, d'avoir pu choisir autrement[38]. » C'est bien ainsi, en effet,

---

[38] *Philos.* de Hamilton, page 551.

que les défenseurs de la liberté l'entendent : et ils affirment que lorsque nous accomplissons une action librement, quelque autre action eût été également possible. Ils invoquent à cet égard le témoignage de la conscience, laquelle nous fait saisir, outre l'acte même, la puissance d'opter pour le parti contraire. Inversement, le déterminisme prétend que, certains antécédents étant posés, une seule action résultante était possible : « Quand nous supposons, continue Stuart Mill, que nous aurions agi autrement que nous n'avons fait, nous supposons toujours une différence dans les antécédents. Nous feignons d'avoir connu quelque chose que nous n'avons pas connu, ou de n'avoir pas connu quelque chose que nous avons connu, etc.[39] » Et, fidèle à son principe, le philosophe anglais assigne pour rôle à la conscience de nous renseigner sur ce qui est, non sur ce qui pourrait être. — Nous n'insisterons pas, pour le moment, sur ce dernier point ; nous réservons la question de savoir en quel sens le moi se perçoit comme cause déterminante. Mais à côté de cette question d'ordre psychologique, il en est une autre, de nature plutôt métaphysique, que les déterministes et leurs adversaires résolvent a priori en sens opposés. L'argumentation des premiers implique, en effet, qu'à des antécédents donnés un seul acte possible correspond ; les partisans du libre arbitre supposent, an contraire, que la même série pouvait aboutir à plusieurs actes différents, également possibles. C'est sur cette question de l'égale possibilité, de deux actions ou de deux volitions contraires que nous nous arrêterons d'abord : peut-être recueillerons-nous ainsi quelque indication sur la nature de l'opération par laquelle la volonté choisit.

J'hésite entre deux actions possibles X et Y, et je vais tour à tour de l'une à l'autre. Cela signifie que je passe par une série d'états, et que ces états se peuvent répartir en deux groupes, selon que j'incline davantage vers X ou vers le parti contraire. Même, ces inclinations opposées ont seules une existence réelle, et X et Y sont deux symboles par lesquels je représente, à leurs points d'arrivée pour ainsi dire, deux tendances différentes de ma personne à des moments successifs de la durée. Désignons donc par X et Y ces tendances elles-mêmes : notre nouvelle notation présentera-t-elle une image plus fidèle de la réalité concrète ? Il faut remarquer, comme nous le disions plus haut, que le moi grossit, s'enrichit et change, à mesure qu'il passe par les deux états contraires ; sinon, comment se déciderait-il jamais ? Il n'y a donc pas précisément deux états contraires, mais bien une multitude d'états successifs et différents au sein desquels je démêle, par un effort

---

[39] *Ibid.*, p. 554.

d'imagination, deux directions opposées. Dès lors, nous nous rapprocherons plus encore de la réalité en convenant de désigner par les signes invariables X et Y, non pas ces tendances ou états eux-mêmes, puisqu'ils changent sans cesse, mais les deux directions différentes que notre imagination leur assigne pour la plus grande commodité du langage. Il demeurera d'ailleurs entendu que ce sont là des représentations symboliques qu'en réalité il n'y a pas deux tendances, ni même deux directions, mais bien un moi qui vit et se développe par l'effet de ses hésitations mêmes, jusqu'à ce que l'action libre s'en détache à la manière d'un fruit trop mûr.

Mais cette conception de l'activité volontaire ne satisfait pas le sens commun, parce que, essentiellement mécaniste, il aime les distinctions tranchées, celles qui s'expriment par des mots bien définis ou par des positions différentes dans l'espace. Il se représentera donc un moi qui, après avoir parcouru une série MO de faits de conscience, arrivé au point O, se voit en présence de deux directions OX et OY également ouvertes. Ces directions deviennent ainsi des choses, de véritables chemins auxquels aboutirait la grande route de la conscience, et où il ne tiendrait qu'au moi de s'engager indifféremment.

Bref, à l'activité continue et vivante de ce moi où nous avions discerné, par abstraction seulement, deux directions opposées, on substitue ces directions elles-mêmes, transformées en choses inertes, indifférentes, et qui attendent notre choix. Mais il faut bien alors qu'on reporte l'activité du moi quelque part. On la mettra au point O ; on dira que le moi, arrivé en O, et devant deux partis à prendre, hésite, délibère, et opte enfin pour l'un d'eux. Comme on avait de la peine à se représenter la double direction de l'activité consciente dans toutes les phases de son développement continu on a fait cristalliser à part ces deux tendances, et à part aussi l'activité du moi ; on obtient ainsi un moi indifféremment actif qui hésite entre deux partis inertes et comme solidifiés. Or, s'il opte pour OX, la ligne OY n'en subsistera pas moins ; s'il se décide pour OY, le chemin OX demeurera ouvert, attendant, au besoin, que le moi revienne sur ses pas pour s'en servir. C'est dans ce sens qu'on dira, en parlant d'un acte libre, que l'action contraire était également possible. Et, même si l'on ne construit pas sur le papier une figure géométrique, on y pense involontairement, presque inconsciemment, dès que l'on distingue dans l'acte libre plusieurs phases successives, représentation des motifs opposés, hésitation et choix — dissimulant ainsi le symbolisme géométrique sous une espèce de cristallisation verbale. Or, il est facile de voir que cette conception véritablement mécaniste de la liberté aboutit, par une logique naturelle, au plus inflexible déterminisme.

L'activité vivante du moi, où nous discernions par abstraction deux tendances opposées, finira en effet par aboutir, soit à X, soit à Y. Or, puisque l'on convient de localiser au point O la double activité du moi, il n'y a pas de raison pour détacher cette activité de l'acte auquel elle aboutira, et qui fait corps avec elle. Et si l'expérience montre qu'on s'est décidé pour X, ce n'est pas une activité indifférente qu'on devra placer au point O, mais bien une activité dirigée par avance dans le sens OX, en dépit des hésitations apparentes. Que si, au contraire, l'observation prouve qu'on a opté pour Y, c'est que l'activité localisée par nous au point O affectait de préférence cette seconde direction, malgré quelques oscillations dans le sens de la première. Déclarer que le moi, arrivé au point O, choisit indifféremment entre X et Y, c'est s'arrêter à mi-chemin dans la voie du symbolisme géométrique, c'est faire cristalliser au point O une partie seulement de cette activité continue où nous discernions sans doute deux directions différentes, mais qui, en outre, a abouti à X ou à Y : pourquoi ne pas tenir compte de ce dernier fait comme des deux autres ? Pourquoi ne pas lui assigner sa place, à lui aussi, dans la figure symbolique que nous venons de construire ? Mais si le moi, arrivé au point O, est déjà déterminé dans un sens, l'autre voie a beau demeurer ouverte, il ne saurait la prendre. Et le même symbolisme grossier sur lequel on prétendait fonder la contingence de l'action accomplie aboutit, par un prolongement naturel, à en établir l'absolue nécessité.

Bref, défenseurs et adversaires de la liberté sont d'accord pour faire précéder l'action d'une espèce d'oscillation mécanique entre les deux points X et Y. Si j'opte pour X, les premiers me diront : vous avez hésité, délibéré, donc Y était possible. Les autres répondront : vous avez choisi X, donc vous aviez quelque raison de le faire, et quand on déclare Y également possible, on oublie cette raison ; on laisse de côté, une des conditions glu problème. — Que si maintenant je creuse au-dessous de ces deux solutions opposées, je découvrirai un postulat commun : les uns et les autres se placent après l'action X accomplie, et représentent le processus de mon activité volontaire par une route MO qui bifurque au point O, les lignes OX et OY symbolisant les deux directions que l'abstraction distingue au sein de l'activité continue dont X est le terme. Mais tandis que les déterministes tiennent compte de tout ce qu'ils savent et constatent que le chemin MOX a été parcouru, leurs adversaires affectent d'ignorer une des données avec lesquelles ils ont construit la figure, et après avoir tracé les lignes OX et OY qui devraient représenter, réunies, le progrès de l'activité du moi, ils font revenir le moi au point O pour y osciller jusqu'à nouvel ordre.

Il ne faut pas oublier en effet que cette figure, véritable dédoublement de notre activité psychique dans l'espace, est purement symbolique, et, comme telle, ne pourra être construite que si l'on se place dans l'hypothèse d'une délibération achevée et d'une résolution prise. Vous aurez beau la tracer à l'avance ; c'est que vous vous supposerez alors arrivé au terme, et assistant par imagination à l'acte final. Bref, cette figure ne me montre pas l'action s'accomplissant, mais l'action accomplie. Ne me demandez donc pas si le moi, ayant parcouru le chemin MO et s'étant décidé pour X, pouvait ou ne pouvait pas opter pour Y : je répondrais que la question est vide de sens, parce qu'il n'y a pas de ligne MO, pas de point O, pas de chemin OX, pas de direction OY. Poser une pareille question, c'est admettre la possibilité de représenter adéquatement le temps par de l'espace, et une succession par une simultanéité. C'est attribuer à la figure qu'on a tracée la valeur d'une image, et non plus seulement d'un symbole ; c'est croire que l'on pourrait suivre sur cette figure le processus de l'activité psychique, comme la marche d'une armée sur une carte. On a assisté à la délibération du moi dans toutes ses phases, et jusqu'à l'acte accompli. Alors, récapitulant les termes de la série, on aperçoit la succession sous forme de simultanéité, on projette le temps dans l'espace, et on raisonne, consciemment ou inconsciemment, sur cette figure géométrique. Mais cette figure représente une *chose*, et non pas un *progrès* ; elle correspond, dans son inertie, au souvenir en quelque sorte figé de la délibération tout entière et de la décision finale que l'on a prise : comment nous fournirait-elle la moindre indication sur le mouvement concret, sur le progrès dynamique, par lequel la délibération aboutit à l'acte ? Et pourtant, une fois la figure construite, on remonte par imagination dans le passé, et l'on veut que notre activité psychique ait suivi précisément le chemin tracé par la figure. On retombe ainsi dans l'illusion que nous avons signalée plus haut : on explique mécaniquement un fait, puis on substitue cette explication au fait lui-même. Aussi se heurte-t-on, dès les premiers pas, à d'inextricables difficultés : si les deux parties étaient également possibles, comment a-t-on choisi ? si l'un d'eux était seulement possible, pourquoi se croyait-on libre ? — Et l'on ne voit pas que cette double question revient toujours à celle-ci : le temps est-il de l'espace ?

Si je parcours des yeux une route tracée sur la carte, rien ne m'empêche de rebrousser chemin et de chercher si elle bifurque par endroits. Mais le temps n'est pas une ligne sur laquelle on repasse. Certes, une fois qu'il est écoulé, nous avons le droit de nous en représenter les moments successifs comme extérieurs les uns aux autres, et de penser ainsi à une ligne qui traverse l'espace ; mais il demeurera entendu que cette ligne symbolise, non pas le temps qui s'écoule, mais le temps écoulé. C'est ce que défenseurs et adversaires du libre arbitre oublient également — les premiers quand ils affirment et les autres quand ils nient la possibilité d'agir autrement qu'on a fait. Les premiers raisonnent ainsi : « Le chemin n'est pas encore tracé, donc il peut prendre une direction quelconque. » A quoi l'on répondra : « Vous oubliez que l'on ne pourra parler de chemin qu'une fois l'action accomplie ; mais alors il aura été tracé. »

— Les autres disent : « Le chemin a été tracé ainsi ; donc sa direction possible n'était pas une direction quelconque, mais bien cette direction même. » A quoi l'on répliquera : « Avant que le chemin fût tracé, il n'y avait pas de direction possible ni impossible, par la raison fort simple qu'il ne pouvait encore être question de chemin. » — Faites abstraction de ce symbolisme grossier, dont l'idée vous obsède à votre insu ; vous verrez que l'argumentation des déterministes revêt cette forme puérile : « L'acte, une fois accompli, est accompli » ; et que leurs adversaires répondent : « L'acte, avant d'être accompli, ne l'était pas encore. » En d'autres termes, la question de la liberté sort intacte de cette discussion ; et cela se comprend sans peine, puisqu'il faut chercher la liberté dans une certaine nuance ou qualité de l'action même, et non dans un rapport de cet acte avec ce qu'il n'est pas ou avec ce qu'il aurait pu être. Toute l'obscurité vient de ce que les uns et les autres se représentent la délibération sous forme d'oscillation dans l'espace, alors qu'elle consiste en un progrès dynamique où le moi et les motifs eux-mêmes sont dans un continuel devenir, comme de véritables êtres vivants. Le moi, infaillible dans ses constatations immédiates, se sent libre et le déclare ; mais dès qu'il cherche à s'expliquer sa liberté, il ne s'aperçoit plus que par une espèce de réfraction à travers l'espace. De là un symbolisme de réfraction à travers l'espace. De là un symbolisme de nature mécaniste, également impropre à prouver la thèse du libre arbitre, à la faire comprendre, et à la réfuter.

Mais le déterministe ne se tiendra pas pour battu, et posant la question sous une nouvelle forme : « Laissons de côté, dira-t-il, les actions accomplies, considérons seulement des actes à venir. La question est de savoir si, connaissant dès aujourd'hui tous les antécédents futurs, quelque intelligence supérieure pourrait prédire avec une absolue certitude la décision qui en sortira. » — Nous consentons volontiers à ce qu'on pose le problème en ces termes : on nous fournira ainsi l'occasion de formuler notre idée avec plus de rigueur. Mais nous établirons d'abord une distinction entre ceux qui pensent que la connaissance des antécédents permettrait de formuler une conclusion probable, et ceux qui parlent d'une prévision infaillible. Dire qu'un certain ami, dans certaines circonstances, agirait très probablement d'une certaine manière, ce n'est pas tant prédire la conduite future de notre ami que porter un jugement sur son caractère présent, c'est-à-dire, en définitive, sur son passé. Si nos sentiments, nos idées, notre caractère en un mot se modifient sans cesse, il est rare qu'on observe un changement soudain ; il est plus rare encore qu'on ne puisse dire d'une personne connue que certaines actions paraissent assez conformes à sa nature, et que certaines autres y répugnent absolument. Tous les philosophes s'accorderont sur ce point, car ce n'est pas lier l'avenir au présent que d'établir un rapport de convenance ou de disconvenance entre une conduite donnée et le caractère présent d'une personne que l'on connaît. Mais le déterministe va beaucoup plus loin : il affirme que la contingence de notre solution tient à ce que nous ne connaissons jamais toutes les conditions du problème ; que la probabilité de notre prévision augmenterait à mesure qu'on nous fournirait un plus grand nombre de ces conditions ; et qu'enfin la connaissance complète, parfaite, de tous les antécédents sans exception aucune rendrait la prévision infailliblement vraie. Telle est donc l'hypothèse qu'il s'agit d'examiner.

Pour fixer les idées, imaginons un personnage appelé à prendre une décision apparemment libre dans des circonstances graves ; nous l'appellerons Pierre. La question est de savoir si un philosophe Paul, vivant à la même époque que Pierre ou, si vous aimez mieux, plusieurs siècles auparavant, eût pu, connaissant toutes les conditions dans lesquelles Pierre agit, prédire avec certitude le choix que Pierre a fait.

Il y a plusieurs manières de se représenter l'état d'une personne à un moment donné. Nous essayons de le faire, quand nous lisons un roman, par exemple ; mais quelque soin que l'auteur ait mis à peindre les sentiments de son héros et même à en reconstituer l'histoire, le dénouement, prévu ou imprévu, ajoutera quelque chose à l'idée que nous avions du personnage : donc nous ne connaissons ce personnage qu'imparfaitement. A vrai dire, les états profonds de notre âme, ceux qui se traduisent par des actes libres, expriment et résument l'ensemble de notre histoire passée : si Paul connaît toutes les conditions où Pierre agit, c'est vraisemblablement qu'aucun détail de la vie de Pierre ne lui échappe, et que son imagination reconstruit et revit même cette histoire. Mais il y a ici une distinction capitale à faire. Quand je passe moi-même par un certain état psychologique, je connais avec précision l'intensité de cet état et son importance par rapport aux autres ; non pas que je mesure ou que je compare, mais parce que l'intensité d'un sentiment profond, par exemple, n'est pas autre chose que ce sentiment lui-même. Au contraire, si je cherche à vous rendre compte de cet état psychologique, je ne pourrai vous en faire comprendre l'intensité que par un signe précis et de nature mathématique ; il faudra que j'en mesure l'importance, que je le compare à ce qui précède et à ce qui suit, enfin que je détermine la part qui lui revient dans l'acte final. Et je le déclarerai plus ou moins intense, plus ou moins important, selon que l'acte final s'expliquera par lui ou sans lui. Au contraire, pour ma conscience qui percevait cet état interne, point n'était besoin d'une comparaison de ce genre ; l'intensité lui apparaissait comme une qualité inexprimable de l'état lui-même. En d'autres termes, l'intensité d'un état psychique n'est pas donnée à la conscience comme un signe spécial qui accompagnerait cet état et en déterminerait la puissance, à la manière d'un exposant algébrique : nous avons montré plus haut qu'elle en exprimait plutôt la nuance, la coloration propre, et que, s'il s'agit d'un sentiment par exemple, son intensité consiste à être senti. Dès lors, il faudra distinguer deux manières de s'assimiler les états de conscience d'autrui : l'une dynamique, qui consisterait à les éprouver soi-même ; l'autre statique, par laquelle on substituerait à la conscience même de ces états leur image, ou plutôt leur symbole intellectuel, leur idée. On les imaginerait alors, au lieu de les reproduire. Seulement, dans ce dernier cas, on devra joindre à l'image des états psychiques l'indication de leur intensité, puisqu'ils n'agissent plus sur la personne chez qui ils se dessinent, et que celle-ci n'a plus occasion d'en éprouver la force en les ressentant. Mais cette indication elle-même prendra nécessairement un caractère quantitatif : on constatera par exemple qu'un certain sentiment a plus de force qu'un autre sentiment, qu'il faut en tenir plus de compte, qu'il a joué un plus grand rôle ; et comment le saurait-on, si l'on ne connaissait par avance l'histoire ultérieure de la personne dont on s'occupe, et les actes auxquels cette multiplicité d'états ou d'inclinations a abouti ? Dès lors, pour que Paul se représente adéquatement l'état de Pierre à un moment quelconque de son histoire, il faudra de deux choses l'une : ou que, semblable à un romancier qui sait où il conduit ses personnages, Paul connaisse déjà l'acte final de Pierre, et puisse joindre ainsi, à l'image des états successifs par lesquels Pierre va passer, l'indication de leur valeur par rapport à l'ensemble de son histoire ; — ou qu'il se résigne à passer lui-même par ces états divers, non plus en imagination, mais en réalité. La première de ces hypothèses doit être écartée, puisqu'il s'agit précisément de savoir si, les antécédents seuls étant donnés, Paul pourra prévoir l'acte final. Nous voici donc obligés de modifier profondément l'idée que nous nous faisions de Paul : ce n'est pas, comme nous l'avions pensé d'abord, un spectateur dont le regard plonge dans l'avenir, mais un acteur, qui joue par avance le rôle de Pierre. Et remarquez que vous ne sauriez lui épargner aucun détail de ce rôle, car les plus médiocres événements ont leur importance dans une histoire, et, à supposer qu'ils n'en eussent point, vous ne pourriez les juger insignifiants que par rapport à l'acte final, lequel, par hypothèse, n'est pas donné. Vous n'avez pas non plus le droit d'abréger — fût-ce d'une seconde — les divers états de conscience par lesquels Paul va passer avant Pierre ; car les effets du même sentiment, par exemple, s'ajoutent et se renforcent à tous les moments de la durée, et la somme de ces effets ne pourrait être éprouvée tout d'un coup que si l'on connaissait l'importance du sentiment, pris dans son ensemble, par rapport à l'acte final, lequel demeure précisément dans l'ombre. Mais si Pierre et Paul ont éprouvé dans le même ordre les mêmes sentiments, si leurs deux âmes ont la même histoire, comment les distinguerez —vous l'une de l'autre ? Sera-ce par le corps où elles habitent ? Elles différeraient alors sans cesse par quelque endroit, puisqu'elles ne se représenteraient le même corps à aucun moment de leur histoire. Sera-ce par la place qu'elles occupent dans la durée ? Elles n'assisteraient plus alors aux mêmes événements ; or, par hypothèse, elles ont le même passé et le même présent, ayant la même expérience. — Il faut maintenant que vous en preniez votre parti : Pierre et Paul sont une seule et même personne, que vous appelez Pierre quand elle agit et Paul quand vous récapitulez son histoire. À mesure que vous complétiez davantage la somme des conditions qui, une fois connues, eussent permis de prédire l'action future de Pierre, vous serriez de plus près l'existence de ce personnage, vous tendriez davantage à la revivre dans ses moindres détails, et vous arriviez ainsi au moment précis où, l'action s'accomplissant, il ne pouvait plus être question de la prévoir, mais simplement d'agir. Ici encore tout essai de reconstitution d'un acte émanant de la volonté même vous conduit à la constatation pure et simple du fait accompli.

C'est donc une question vide de sens que celle-ci : l'acte pouvait-il ou ne pouvait-il pas être prévu, étant donné l'ensemble complet de ces antécédents ? Car il y a deux manières de s'assimiler ces antécédents, l'une dynamique, l'autre statique. Dans le premier cas, on sera amené par transitions insensibles à coïncider avec la personne dont on s'occupe, à passer par la même série d'états, et à revenir ainsi au moment même où l'acte s'accomplit ; il ne pourra donc plus être question de le prévoir. Dans le second cas, on présuppose l'acte final par cela seul qu'on fait figurer, à côté de l'indication des états, l'appréciation quantitative de leur importance. Ici encore les uns sont conduits à constater simplement que l'acte n'est pas encore accompli au moment où il va s'accomplir, les autres, qu'une fois accompli il l'est définitivement. La question de la liberté sort intacte de cette discussion, comme de la précédente.

En approfondissant davantage cette double argumentation, nous trouverons, à sa racine même, les deux illusions fondamentales de la conscience réfléchie. La première consiste à voir dans l'intensité une propriété mathématique des états psychologiques, et non pas, comme nous le disions au début de cet essai, la qualité spéciale, la nuance propre de ces divers états. La seconde consiste à remplacer la réalité concrète, le progrès dynamique que la conscience perçoit, par le symbole matériel de ce progrès arrivé à son terme, c'est-à-dire du fait accompli joint à la somme de ses antécédents. Certes, une fois consommé l'acte final, je puis assigner à tous les antécédents leur valeur propre, et me représenter sous forme d'un conflit ou d'une composition de forces le jeu combiné de ces éléments divers. Mais demander si, les antécédents étant connus ainsi que leur valeur, on pouvait prédire l'acte final, c'est commettre un cercle vicieux ; c'est oublier qu'on se donne, avec la valeur des antécédents, l'action finale qu'il s'agit de prévoir ; c'est supposer à tort que l'image symbolique par laquelle on représente l'opération achevée a été dessinée par cette opération elle-même au cours de son progrès, comme sur un appareil enregistreur.

On verrait d'ailleurs que ces deux illusions, à leur tour, en impliquent une troisième, et que la question de savoir si l'acte pouvait ou ne pouvait pas être prévu revient toujours à celle-ci : le temps est-il de l'espace ? Vous avez commencé par juxtaposer dans un espace idéal les états de conscience qui se sont succédé dans l'âme de Pierre, et vous apercevez la vie de ce personnage sous forme d'une trajectoire MOXY dessinée par un mobile M dans l'espace.

Vous effacez alors, par la pensée, la partie OXY de cette courbe, et vous vous demandez si, connaissant MO, vous eussiez pu déterminer à l'avance la courbe OX que le mobile décrit à partir du point O. C'est là, au fond, la question que vous posiez quand vous faisiez intervenir un philosophe Paul, prédécesseur de Pierre, et chargé de se représenter en imagination les conditions où Pierre agira.

Vous matérialisiez ainsi ces conditions ; vous faisiez du temps à venir une route déjà tracée dans la plaine, et que l'on peut contempler du haut de la montagne sans l'avoir parcourue, sans devoir la parcourir jamais. Mais vous n'avez pas tardé à vous apercevoir que la connaissance de la partie MO de la courbe serait insuffisante, à moins toutefois qu'on ne vous indiquât la position des points de cette ligne, non seulement par rapport les uns aux autres, mais encore par rapport aux points de la ligne MOXY tout entière ; ce qui reviendrait à se donner par avance les éléments mêmes qu'il s'agit de déterminer. Vous avez alors modifié votre hypothèse ; vous avez compris que le temps ne demande pas à être vu, mais vécu ; vous en avez conclu que si votre connaissance de la ligne MO ne constituait pas une donnée suffisante, c'est parce que vous la regardiez du dehors, au lieu de vous confondre avec le point M qui décrit, non seulement MO, mais encore la courbe tout entière, et d'adopter ainsi son mouvement. Vous avez donc amené Paul à coïncider avec Pierre, et naturellement, c'est la ligne MOXY que Paul a tracée dans l'espace, puisque, par hypothèse, Pierre décrit cette ligne. Mais vous ne prouvez plus ainsi que Paul ait prévu l'action de Pierre ; vous constatez seulement que Pierre a agi comme il a fait, puisque Paul est devenu Pierre. Il est vrai que vous revenez ensuite, sans y prendre garde, à votre première hypothèse, parce que vous confondez sans cesse la ligne MOXY se traçant avec la ligne MOXY tracée, c'est-à-dire le temps avec l'espace. Après avoir identifié Paul avec Pierre pour les besoins de la cause, vous faites reprendre à Paul son ancien poste d'observation, et il aperçoit alors la ligne MOXY complète, ce qui n'est pas étonnant, puisqu'il vient de la compléter.

Ce qui rend la confusion naturelle, et même inévitable, c'est que la science paraît fournir des exemples indiscutés d'une prévision de l'avenir. Ne détermine-t-on pas à l'avance les conjonctions d'astres, les éclipses de soleil et de lune, et le plus grand nombre des phénomènes astronomiques ? L'intelligence humaine n'embrasse-t-elle pas alors, dans le moment présent, une portion aussi grande qu'on voudra de la durée à venir ? — Nous le reconnaissons sans peine ; mais une prévision de ce genre n'a pas la moindre ressemblance avec celle d'un acte volontaire. Même, comme nous allons voir, les raisons qui font que la prédiction d'un phénomène astronomique est possible sont précisément les mêmes qui nous empêchent de déterminer à l'avance un fait émanant de l'activité libre. C'est que l'avenir de l'univers matériel, quoique contemporain de l'avenir d'un être conscient, n'a aucune analogie avec lui.

Pour faire toucher du doigt cette différence capitale, supposons un instant qu'un malin génie, plus puissant encore que le malin génie de Descartes, ordonnât à tous les mouvements de l'univers d'aller deux fois plus vite. Rien ne serait changé aux phénomènes astronomiques, ou tout au moins aux équations qui nous permettent de les prévoir, car dans ces équations le symbole t ne désigne pas une durée, mais un rapport entre deux durées, un certain nombre d'unités de temps, ou enfin, en dernière analyse, un certain nombre de simultanéités ; ces simultanéités, ces coïncidences se produiraient encore en nombre égal ; seuls, les intervalles qui les séparent auraient diminué mais ces intervalles n'entrent pour rien dans les calculs. Or ces intervalles sont précisément la durée vécue, celle que la conscience perçoit : aussi la conscience nous avertirait-elle bien vite d'une diminution de la journée, si, entre le lever et le coucher du soleil, nous avions moins duré. Elle ne mesurerait pas cette diminution, sans doute, et même elle ne l'apercevrait peut-être pas tout de suite sous l'aspect d'un changement de quantité ; mais elle constaterait, sous une forme ou sous une autre, une baisse dans l'enrichissement ordinaire de l'être une modification dans le progrès qu'il a coutume de réaliser entre le lever du soleil et son coucher.

Or, quand l'astronome prédit une éclipse de lune, par exemple, il ne fait qu'exercer à sa manière la puissance que nous avons attribuée à notre malin génie. Il ordonne au temps d'aller dix fois, cent fois, mille fois plus vite, et il en a le droit, puisqu'il ne change ainsi que la nature des intervalles conscients et que ces intervalles, par hypothèse, n'entrent pas dans les calculs. C'est pourquoi, dans une durée psychologique de quelques secondes, il pourra faire tenir plusieurs années, plusieurs siècles même de temps astronomique : telle est l'opération à laquelle il se livre quand il dessine à l'avance la trajectoire d'un corps céleste ou qu'il la représente par une équation. À vrai dire, il se borne à établir une série de rapports de position entre ce corps et d'autres corps donnés, une série de simultanéités et de coïncidences, une série de relations numériques : quant à la durée proprement dite, elle reste en dehors du calcul, et ne serait perçue que par une conscience capable, non seulement d'assister à ces simultanéités successives, mais d'en vivre les intervalles. On conçoit même que cette conscience pût vivre d'une vie assez lente, assez paresseuse, pour embrasser la trajectoire entière du corps céleste dans une aperception unique, comme il nous arrive à nous-mêmes quand nous voyons se dessiner, sous forme d'une ligne de feu, les positions successives d'une étoile filante. Cette conscience se trouverait alors réellement dans les mêmes conditions où l'astronome se place imaginairement ; elle verrait dans le présent ce que l'astronome aperçoit dans l'avenir. A vrai dire, si celui-ci prévoit un phénomène futur, c'est à la condition d'en faire jusqu'à un certain point un phénomène présent, ou du moins de réduire énormément l'intervalle qui nous en sépare. Bref, le temps dont on parle en astronomie est un nombre, et la nature des unités de ce nombre ne saurait être spécifiée dans les calculs : on peut donc les supposer aussi petites qu'on voudra, pourvu que la même hypothèse s'étende à toute la série des opérations, et que les rapports successifs de position dans l'espace se trouvent ainsi conservés. On assistera alors, en imagination, au phénomène que l'on veut prédire ; on saura à quel point précis de l'espace et après combien d'unités de temps ce phénomène se produit ; il suffira ensuite de restituer à ces unités leur nature psychique pour repousser l'événement dans l'avenir, et dire qu'on l'a prévu, alors qu'en réalité on l'a vu.

Mais ces unités de temps, qui constituent la durée vécue, et dont l'astronome peut disposer comme il lui plaît parce qu'elles n'offrent point de prise à la science, sont précisément ce qui intéresse le psychologue, car la psychologie porte sur les intervalles eux-mêmes, et non plus sur leurs extrémités. Certes, la conscience pure n'aperçoit pas le temps sous forme d'une somme d'unités de durée ; laissée à elle-même, elle n'a aucun moyen, aucune raison même de mesurer le temps ; mais un sentiment qui durerait deux fois moins de jours, par exemple, ne serait plus pour elle le même sentiment ; il manquerait à cet état de conscience une multitude d'impressions qui sont venues l'enrichir et en modifier la nature. Il est vrai que, lorsque nous imposons à ce sentiment un certain nom, lorsque nous le traitons comme une chose, nous croyons pouvoir diminuer sa durée de moitié, par exemple, et de moitié aussi la durée de tout le reste de notre histoire ; ce serait toujours la même existence, semble-t-il, à échelle réduite. Mais nous oublions alors que les états de conscience sont des progrès, et non pas des choses ; que si nous les désignons chacun par un seul mot, c'est pour la commodité du langage ; qu'ils vivent, et que, vivant, ils changent sans cesse ; que, par conséquent, on ne saurait en retrancher quelque moment sans les appauvrir de quelque impression et en modifier ainsi la qualité. Je comprends bien qu'on aperçoive tout d'un coup, ou en fort peu de temps, l'orbite d'une planète, parce que ses positions successives, ou résultats de son mouvement, importent seules, et non pas la durée des intervalles égaux qui les séparent. Mais lorsqu'il s'agit d'un sentiment, il n'a pas de résultat précis, sinon d'avoir été senti ; et pour apprécier adéquatement ce résultat, il faudrait avoir passé par toutes les phases du sentiment lui-même, et occupé la même durée. Même si ce sentiment s'est traduit finalement par quelque démarches de nature déterminée, comparable à la position d'une planète dans l'espace, la connaissance de cet acte ne me servira guère à apprécier l'influence du sentiment sur l'ensemble d'une histoire, et c'est cette influence qu'il s'agit de connaître. Toute prévision est en réalité une vision, et cette vision s'opère quand on peut réduire de plus en plus un intervalle de temps futur en conservant les rapports de ses parties entre elles, ainsi qu'il arrive pour les prédictions astronomiques. Mais qu'est-ce que réduire un intervalle de temps, sinon vider ou appauvrir les états de conscience qui s'y succèdent ? Et la possibilité même de voir en raccourci une période astronomique n'implique-t-elle pas ainsi l'impossibilité de modifier de la même manière une série psychologique, puisque c'est seulement en prenant cette série psychologique comme base invariable qu'on pourra faire varier arbitrairement, quant à l'unité de durée, une période astronomique ?

Lors donc qu'on demande si une action future pourrait être prévue, on identifie inconsciemment le temps dont il est question dans les sciences exactes, et qui se réduit à un nombre, avec la durée réelle, dont l'apparente quantité est véritablement une qualité, et qu'on ne saurait raccourcir d'un instant sans modifier la nature des faits qui la remplissent. Et ce qui facilite sans doute cette identification, c'est que, dans une multitude de cas, nous avons le droit d'opérer sur la durée réelle comme sur le temps astronomique. Ainsi, quand nous nous remémorons le passé, c'est-à-dire une série de faits accomplis, nous l'abrégeons toujours, sans altérer cependant la nature de l'événement qui nous intéresse. C'est que nous le connaissons déjà ; c'est que, arrivé au terme du progrès qui constitue son existence même, le fait psychologique devient une chose, qu'on peut se représenter tout d'un coup. Nous nous trouvons donc ici dans la même position où se place l'astronome, quand il embrasse dans une seule aperception l'orbite qu'une planète mettra plusieurs années à parcourir. C'est bien, en effet, au souvenir d'un fait de conscience passé, non à la connaissance anticipée d'un fait de conscience à venir, qu'on doit assimiler la prévision astronomique. Mais, lorsqu'il s'agit de déterminer un fait de conscience à venir, pour peu qu'il soit profond, on doit envisager les antécédents non plus à l'état statique sous forme de choses, mais à l'état dynamique et comme des progrès, puisque leur influence seule est en cause : or leur durée est cette influence même. C'est pourquoi il ne saurait être question d'abréger la durée à venir pour s'en représenter à l'avance les fragments ; on ne peut que vivre cette durée, au fur et à mesure qu'elle se déroule. Bref, dans la région des faits psychologiques profonds, il n'y a pas de différence sensible entre prévoir, voir et agir.

Il ne restera plus guère au déterministe qu'un seul parti à prendre. Il renoncera à alléguer la possibilité de prévoir dès aujourd'hui un certain acte ou état de conscience à venir, mais affirmera que tout acte est déterminé par ses antécédents psychiques, ou, en d'autres termes, que les faits de conscience obéissent à des lois comme les phénomènes de la nature. Cette argumentation consiste, au fond, à ne pas entrer dans le détail des faits psychologiques concrets, par la crainte instinctive de se trouver en face de phénomènes qui défient toute représentation symbolique, toute prévision par conséquent. On laisse alors la nature propre de ces phénomènes dans l'ombre, mais on affirme qu'en leur qualité de phénomènes ils restent soumis à la loi de causalité. Or cette loi veut que tout phénomène soit déterminé par ses conditions, ou, en d'autres termes, que les mêmes causes produisent les mêmes effets. Il faudra donc, ou que l'acte soit indissolublement lié à ses antécédents psychiques, ou que le principe de causalité souffre une incompréhensible exception.

Cette dernière forme de l'argumentation déterministe diffère moins qu'on ne pourrait le croire de toutes celles qui ont été examinées précédemment. Dire que les mêmes causes internes produisent les mêmes effets, c'est supposer que la même cause peut se présenter à plusieurs reprises sur le théâtre de la conscience. Or, notre conception de la durée ne tend à rien moins qu'à affirmer l'hétérogénéité radicale des faits psychologiques profonds, et l'impossibilité pour deux d'entre eux de se ressembler tout à fait, puisqu'ils constituent deux moments différents d'une histoire. Tandis que l'objet extérieur ne porte pas la marque du temps écoulé, et qu'ainsi, malgré la diversité des moments, le physicien pourra se retrouver en présence de conditions élémentaires identiques, la durée est chose réelle pour la conscience qui en conserve la trace, et l'on ne saurait parler ici de conditions identiques, parce que le même moment ne se présente pas deux fois. En vain on alléguera que, s'il n'y a pas deux états profonds de l'âme qui se ressemblent, l'analyse démêlerait au sein de ces états différents des éléments stables, susceptibles de se comparer entre eux. Ce serait oublier que les éléments psychologiques, même les plus simples, ont leur personnalité et leur vie propre, pour peu qu'ils soient profonds ; ils deviennent sans cesse, et le même sentiment, par cela seul qu'il se répète, est un sentiment nouveau. Même, nous n'avons aucune raison de lui conserver son ancien nom, sauf qu'il correspond à la même cause extérieure ou se traduit au dehors par des signes analogues : on commettrait donc une véritable pétition de principe en déduisant de la prétendue similitude des deux états que la même cause produit le même effet. Bref, si la relation causale existe encore dans le monde des faits internes, elle ne peut ressembler en aucune manière à ce que nous appelons causalité dans la nature. Pour le physicien, la même cause produit toujours le même effet ; pour un psychologue qui ne se laisse point égarer par d'apparentes analogies, une cause interne profonde donne son effet une fois, et ne le produira jamais plus. Et si, maintenant, on allègue que cet effet était indissolublement lié à cette cause, une pareille affirmation signifiera de deux choses l'une : ou bien que, les antécédents étant donnés, on eût pu prévoir l'action future ; ou que, l'action une fois accomplie, toute autre action apparaît, dans les conditions données, comme impossible. Or nous avons vu que ces deux affirmations étaient également vides de sens, et impliquaient, elles aussi, une conception vicieuse de la durée.

Toutefois, il ne nous paraît pas inutile de nous arrêter sur cette dernière forme de l'argumentation déterministe, quand ce ne serait que pour éclaircir, de notre point de vue, le sens des deux mots détermination et causalité. En vain nous alléguons qu'il ne saurait être question ni de prévoir une action future à la manière d'un phénomène astronomique, ni d'affirmer, une fois l'action accomplie, que toute autre action eût été impossible dans les conditions données. En vain nous ajoutons que, même sous cette forme « les mêmes causes produisent les mêmes effets », le principe de la détermination universelle perd toute espèce de signification dans le monde interne des faits de conscience. Le déterministe se rendra peut-être à notre argumentation sur chacun de ces trois points en particulier, reconnaîtra que, dans le monde psychologique, on ne peut attribuer au mot détermination aucun de ces trois sens, échouera même sans doute à en découvrir un quatrième et pourtant ne cessera de répéter que l'acte est indissolublement lié à ses antécédents. Nous nous trouvons donc ici en présence d'une illusion si profonde, d'un préjugé si tenace, que nous ne saurions en avoir raison sans les attaquer dans leur principe même, qui est le principe de causalité. En analysant le concept de cause, nous montrerons l'équivoque qu'il renferme, et sans pour cela définir la liberté, nous dépasserons peut-être l'idée purement négative que nous nous en étions faite jusqu'à présent.

Nous percevons des phénomènes physiques, et ces phénomènes obéissent à des lois. Cela signifie : 1° Que des phénomènes a, b, c, d précédemment perçus sont susceptibles de se produire de nouveau sous la même forme ; 2° Qu'un certain phénomène P, qui avait paru à la suite des conditions a, b, c, d, et de ces conditions seulement, ne manquera pas de se reproduire dès que les mêmes conditions seront données. Si le principe de causalité ne nous disait rien de plus, comme le prétendent les empiristes, on accorderait sans peine à ces philosophes que leur principe vient de l'expérience ; mais il ne prouverait plus rien contre notre liberté. Car il demeurerait entendu que des antécédents déterminés donnent lieu à un conséquent déterminé partout où l'expérience nous fait constater cette régularité ; mais la question est précisément de savoir si on la retrouve dans le domaine de la conscience, et tout le problème de la liberté est là. Nous vous accordons pour un instant que le principe de causalité résume seulement les successions uniformes et inconditionnelles observées dans le passé : de quel droit l'appliquez-vous alors à ces faits de conscience profonds où l'on n'a pas encore démêlé de successions régulières, puisqu'on échoue à les prévoir ? Et comment vous fonder sur ce principe pour établir le déterminisme des faits internes, alors que, selon vous, le déterminisme des faits observés est l'unique fondement de ce principe lui-même ? A vrai dire, quand les empiristes font valoir le principe de causalité contre la liberté humaine, ils prennent le mot cause dans une acception nouvelle, qui est d'ailleurs celle du sens commun.

Constater la succession régulière de deux phénomènes, en effet, c'est reconnaître que, le premier étant donné, on aperçoit déjà l'autre. Mais cette liaison toute subjective de deux représentations ne suffit pas au sens commun. Il lui semble que, si l'idée du second phénomène est déjà impliquée dans celle du premier, il faut que le second phénomène lui-même existe objectivement, sous une forme ou sous une autre, au sein du premier phénomène. Et le sens commun devait aboutir à cette conclusion, parce que la distinction précise d'une liaison objective entre les phénomènes et d'une association subjective entre leurs idées suppose déjà un degré assez élevé de culture philosophique. On passera donc insensiblement du premier sens au second, et l'on se représentera la relation causale comme une espèce de préformation du phénomène à venir dans ses conditions présentes. Or, cette préformation peut s'entendre dans deux sens très différents, et c'est précisément ici que l'équivoque commence.

Les mathématiques nous fournissent, en effet, l'image d'une préformation de ce genre. Le même mouvement par lequel on trace une circonférence dans un plan engendre toutes les propriétés de cette figure : en ce sens, un nombre indéfini de théorèmes préexistent au sein de la définition, bien que destinés à se dérouler dans la durée pour le mathématicien qui les déduira. Il est vrai que nous sommes ici dans le domaine de la quantité pure, et que, les propriétés géométriques pouvant se mettre sous forme d'égalités, on conçoit très bien qu'une première équation, exprimant la propriété fondamentale de la figure, se transforme en une multitude indéfinie d'équations nouvelles, toutes virtuellement contenues dans celle-là. Au contraire, les phénomènes physiques qui se succèdent et sont perçus par nos sens se distinguent par la qualité non moins que par la quantité, de sorte qu'on aurait quelque peine à les déclarer d'abord équivalents les uns aux autres. Mais, précisément parce que nos sens les perçoivent, rien n'empêche d'attribuer leurs différences qualitatives à l'impression qu'ils font sur nous, et de supposer, derrière l'hétérogénéité de nos sensations, un univers physique homogène. Bref, on dépouillera la matière des qualités concrètes dont nos sens la revêtent, couleur, chaleur, résistance, pesanteur même, et l'on se trouvera enfin en présence de l'étendue homogène, de l'espace sans corps. Il ne restera plus guère alors d'autre parti à prendre qu'à découper des figures dans l'espace, à les faire mouvoir selon des lois mathématiquement formulées, et à expliquer les qualités apparentes de la matière par la forme, la position et le mouvement de ces figures géométriques. Or la position est donnée par un système de grandeurs fixes, et le mouvement s'exprime par une loi, c'est-à-dire par une relation constante entre des grandeurs variables ; mais la forme est une image, et quelque ténue, quelque transparente qu'on la suppose, elle constitue encore, en tant que notre imagination en a la perception visuelle pour ainsi dire, une qualité concrète et par suite irréductible de la matière. Il faudra, par conséquent, faire table rase de cette image et lui substituer la formule abstraite du mouvement qui engendre la figure. Représentez-vous donc des relations algébriques s'enchevêtrant les unes dans les autres, s'objectivant par cet enchevêtrement même, et enfantant, par le seul effet de leur complexité, la réalité concrète, visible et tangible — vous ne ferez que tirer les conséquences du principe de causalité, entendu au sens d'une préformation actuelle de l'avenir au sein du présent. Il ne semble pas que les savants de notre temps aient poussé l'abstraction aussi loin, sauf peut-être sir William Thomson. Ce physicien ingénieux et profond suppose l'espace rempli d'un fluide homogène et incompressible où des tourbillons se meuvent, engendrant ainsi les propriétés de la matière : ces tourbillons sont les éléments constitutifs des corps ; l'atome devient ainsi un mouvement, et les phénomènes physiques se réduisent à des mouvements réguliers s'accomplissant au sein d'un fluide incompressible. Or, si l'on veut bien remarquer que ce fluide est d'une parfaite homogénéité, qu'il n'existe entre ses parties ni un intervalle vide qui les sépare ni une différence quelconque qui permette de les distinguer, on verra que tout mouvement s'accomplissant au sein de ce fluide équivaut en fait à l'immobilité absolue, puisque avant, pendant et après le mouvement rien ne change, rien n'est changé dans l'ensemble. Le mouvement dont on parle ici n'est donc pas un mouvement qui se produit, mais un mouvement que l'on pense ; c'est un rapport entre des rapports. On admet, sans bien s'en rendre compte peut-être, que le mouvement est un fait de conscience, qu'il y a dans l'espace des simultanéités seulement, et l'on nous fournit le moyen de calculer ces rapports de simultanéité pour un moment quelconque de notre durée. Nulle part le mécanisme n'a été poussé plus loin que dans ce système, puisque la forme même des éléments ultimes de la matière y est ramenée à un mouvement. Mais déjà la physique cartésienne pourrait s'interpréter dans un sens analogue ; car, si la matière se réduit, comme le veut Descartes, à une étendue homogène, les mouvements des parties de cette étendue peuvent se concevoir par la loi abstraite qui y préside ou par une équation algébrique entre des grandeurs variables, mais non pas se représenter sous forme concrète d'images. Et l'on prouverait sans peine que, plus le progrès des explications mécaniques permet de développer cette conception de la causalité et d'alléger par conséquent l'atome du poids de ses propriétés sensibles, plus l'existence concrète des phénomènes de la nature tend à s'évanouir ainsi en fumée algébrique.

Ainsi entendu, le rapport de causalité est un rapport nécessaire en ce sens qu'il se rapprochera indéfiniment du rapport d'identité, comme une courbe de son asymptote. Le principe d'identité est la loi absolue de notre conscience ; il affirme que ce qui est pensé est pensé au moment où on le pense ; et ce qui fait l'absolue nécessité de ce principe, c'est qu'il ne lie pas l'avenir au présent, mais seulement le présent au présent : il exprime la confiance inébranlable que la conscience se sent en elle-même, tant que, fidèle à son rôle, elle se borne à constater l'état actuel apparent de l'âme. Mais le principe de causalité, en tant qu'il lierait l'avenir au présent, ne prendrait jamais la forme d'un principe nécessaire ; car les moments successifs du temps réel ne sont pas solidaires les uns des autres, et aucun effort logique n'aboutira à prouver que ce qui a été sera ou continuera d'être, que les mêmes antécédents appelleront toujours des conséquents identiques. Descartes l'avait si bien compris qu'il attribuait à une grâce sans cesse renouvelée de la Providence la régularité du monde physique, et la continuation des mêmes effets : il a construit en quelque sorte une physique instantanée, applicable à un univers dont la durée tiendrait tout entière dans le moment présent. Et Spinoza voulait que la série des phénomènes, qui prend pour nous la forme d'une succession dans le temps, fût équivalente, dans l'absolu, à l'unité divine : il supposait ainsi, d'une part, que le rapport de causalité apparente entre les phénomènes se ramenait à un rapport d'identité dans l'absolu, et, d'autre part, que la durée indéfinie des choses tenait tout entière dans un moment unique, qui est l'éternité. Bref, que l'on approfondisse la physique cartésienne, la métaphysique spinoziste, ou les théories scientifiques de notre temps, on trouvera partout la même préoccupation d'établir un rapport de nécessité, logique entre la cause et l'effet, et l'on verra que cette préoccupation se traduit par une tendance à transformer en rapports d'inhérence les rapports de succession, à annuler l'action de la durée, et à remplacer la causalité apparente par une identité fondamentale.

Or, si le développement de la notion de causalité, entendue au sens de liaison nécessaire, conduit à la conception spinoziste ou cartésienne de la nature, inversement tout rapport de détermination nécessaire établi entre des phénomènes successifs doit provenir de ce qu'on aperçoit sous une forme confuse, derrière ces phénomènes hétérogènes, un mécanisme mathématique. Nous ne prétendons pas que le sens commun ait l'intuition (les théories cinétiques de la matière, encore moins peut-être d'un mécanisme à la Spinoza ; mais on verra que, plus l'effet paraît nécessairement lié à la cause, plus on tend à le mettre dans la cause même comme la conséquence mathématique dans le principe, et à supprimer ainsi l'action de la durée. Que sous l'influence des mêmes conditions extérieures je ne me conduise point aujourd'hui comme je me conduisais hier, cela n'a rien d'étonnant, parce que je change, parce que je dure. Mais les choses, considérées en dehors de notre perception, ne nous paraissent pas durer ; et plus nous approfondissons cette idée, plus il nous semble absurde de supposer que la même cause ne produise pas aujourd'hui le même effet qu'elle produisait hier. Nous sentons bien, il est vrai, que si les choses ne durent pas comme nous, il doit néanmoins y avoir en elles quelque incompréhensible raison qui fasse que les phénomènes paraissent se succéder, et non pas se déployer tous à la fois. Et c'est pourquoi la notion de causalité, bien que se rapprochant indéfiniment de celle d'identité, ne nous paraîtra jamais coïncider avec elle, à moins que nous n'apercevions clairement l'idée d'un mécanisme mathématique, ou qu'une métaphysique subtile ne vienne lever sur ce point des scrupules assez légitimes. Il n'en est pas moins évident que notre croyance à la détermination nécessaire des phénomènes les uns par les autres se consolide à mesure que nous tenons la durée pour une forme plus subjective de notre conscience. En d'autres termes, plus nous tendons à ériger la relation causale en rapport de détermination nécessaire, plus nous affirmons par là que les choses ne durent pas comme nous. Ce qui revient à dire que plus on fortifie le principe de causalité, plus on accentue la différence qui sépare une série psychologique d'une série physique. D'où résulte enfin, quelque paradoxale que cette opinion puisse paraître, que la supposition d'un rapport d'inhérence mathématique entre les phénomènes extérieurs devrait entraîner, comme conséquence naturelle ou tout au moins plausible, la croyance à la liberté humaine. Mais cette dernière conséquence ne nous préoccupera pas pour le moment ; nous cherchons seulement à déterminer ici le premier sens du mot causalité, et nous pensons avoir montré que la préformation de l'avenir dans le présent se conçoit sans peine sous forme mathématique, grâce à une certaine conception de la durée qui est, sans qu'il y paraisse, assez familière au sens commun.

Mais il y a une préformation d'un autre genre, plus familière encore à notre esprit, parce que la conscience immédiate nous en fournit l'image. Nous passons, en effet, par des états de conscience successifs, et, bien que le suivant n'ait point été contenu dans le précédent, nous nous en représentions alors plus ou moins confusément l'idée. La réalisation de cette idée n'apparaissait d'ailleurs pas comme certaine, mais simplement comme possible. Toutefois, entre l'idée et l'action sont venus se placer des intermédiaires à peine sensibles, dont l'ensemble prend pour nous cette forme sui generis qu'on appelle sentiment de l'effort. Et de l'idée à l'effort, de l'effort à l'acte, le progrès a été si continu que nous ne saurions dire où l'idée et l'effort se terminent, où l'acte commence. On conçoit donc qu'en un certain sens on puisse encore dire ici que l'avenir était préformé dans le présent ; mais il faudra ajouter que cette préformation est fort imparfaite, puisque l'action future dont on a l'idée présente est conçue comme réalisable mais non pas comme réalisée, et que, même lorsqu'on esquisse l'effort nécessaire pour l'accomplir, on sent bien qu'il est encore temps de s'arrêter. Si donc on se décide à concevoir sous cette seconde forme la relation causale, on peut affirmer a priori qu'il n'y aura plus entre la cause et l'effet un rapport de détermination nécessaire, car l'effet ne sera plus donné dans la cause. Il n'y résidera qu'à l'état de pur possible, et comme une représentation confuse qui ne sera peut-être pas suivie de l'action correspondante. Mais on ne s'étonnera pas que cette approximation suffise au sens commun, si l'on songe à la facilité avec laquelle les enfants et les peuples primitifs acceptent l'idée d'une nature inconstante, où le caprice joue un rôle non moins important que la nécessité. Et cette représentation de la causalité sera plus accessible à l'intelligence commune, puisqu'elle n'exige aucun effort d'abstraction, et qu'elle implique seulement une certaine analogie entre le monde extérieur et le monde interne, entre la succession des phénomènes objectifs et celle des faits de conscience.

À vrai dire, cette seconde conception du rapport de la cause à l'effet est plus naturelle que la première, en ce qu'elle répond tout de suite au besoin d'une représentation. N'avons-nous pas dit, en effet, que si nous cherchons le phénomène B au sein même du phénomène A qui le précède régulièrement, c'est parce que l'habitude d'associer les deux images finit par nous donner l'idée du second phénomène comme enveloppée dans celle du premier ? Il est naturel que nous poussions cette objectivation jusqu'au bout, et que nous fassions du phénomène A lui-même un état psychique où le phénomène B serait contenu sous forme de représentation confuse. Nous nous bornons par là à supposer que la liaison objective des deux phénomènes est semblable à l'association subjective qui nous en a suggéré l'idée. Les qualités des choses deviendront ainsi de véritables états, assez analogues à ceux de notre moi ; on attribuera à l'univers matériel une personnalité vague, diffuse à travers l'espace, et qui, sans être précisément douée d'une volonté consciente, passe d'un état à l'autre en vertu d'une poussée interne, en vertu d'un effort. Tel fut l'hylozoïsme antique, hypothèse timide et même contradictoire, qui conservait à la matière son étendue tout en lui attribuant de véritables états de conscience, et déroulait les qualités de la matière le long de l'étendue en même temps qu'elle traitait ces qualités comme des états internes, c'est-à-dire simples. Il était réservé à Leibnitz de faire tomber cette contradiction, et de montrer que si l'on entend la succession des qualités ou phénomènes externes comme la succession de nos propres idées, on doit faire de ces qualités des états simples ou perceptions, et de la matière qui les supporte une monade inétendue, analogue à notre âme. Dès lors les états successifs de la matière ne pourront pas plus être perçus du dehors que ne le sont nos propres états psychologiques ; il faudra introduire l'hypothèse de l'harmonie préétablie pour expliquer comment tous ces états internes sont représentatifs les uns des autres. Ainsi, avec notre seconde conception du rapport de causalité, nous aboutissons à Leibnitz, comme avec la première à Spinoza. Et, dans l'un et l'autre cas, nous ne faisons que pousser à l'extrême ou formuler avec plus de précision deux idées timides et confuses du sens commun.

Or, il est évident que le rapport de causalité, entendu de cette seconde manière, n'entraîne pas la détermination de l'effet par la cause. L'histoire même en fait foi. Nous voyons que l'hylozoïsme antique, premier développement de cette conception de la causalité, expliquait la succession régulière des causes et des effets par un véritable deus ex machina — c'était tantôt une nécessité extérieure aux choses et planant sur elles, tantôt une Raison interne, se guidant sur des règles assez semblables à celles qui dirigent notre conduite. Les perceptions de la monade de Leibnitz ne se nécessitent pas davantage les unes les autres ; il faut que Dieu en ait réglé l'ordre par avance. Le déterminisme de Leibnitz ne vient pas, en effet, de sa conception de la monade, mais de ce qu'il construit l'univers avec des monades seulement. Ayant nié toute influence mécanique des substances les unes sur les autres, il devait néanmoins expliquer comment leurs états se correspondent. De là un déterminisme qui a son origine dans la nécessité d'admettre une harmonie préétablie, et point du tout dans la conception dynamique du rapport de causalité. Mais laissons de côté l'histoire. La conscience témoigne que l'idée abstraite de force est celle d'effort indéterminé, celle d'un effort qui n'a pas encore abouti à l'acte et où cet acte n'existe encore qu'à l'état d'idée. En d'autres termes, la conception dynamique du rapport de causalité attribue aux choses une durée tout à fait analogue à la nôtre, de quelque nature que cette durée puisse être : se représenter ainsi la relation de cause à effet, c'est supposer que l'avenir n'est pas plus solidaire du présent dans le monde extérieur qu'il ne l'est pour notre propre conscience.

Il résulte de cette double analyse que le principe de causalité renferme deux conceptions contradictoires de la durée, deux images non moins incompatibles de la préformation de l'avenir an sein du présent. Tantôt on se représente tous les phénomènes, physiques ou psychologiques, comme durant de la même manière, comme durant à notre manière par conséquent ; l'avenir n'existera alors dans le présent que sous forme d'idée, et le passage du présent à l'avenir prendra l'aspect d'un effort, qui n'aboutit pas toujours à la réalisation de l'idée conçue. Tantôt au contraire on fait de la durée la forme propre des états de conscience ; les choses ne durent plus alors comme nous, et l'on admet pour les choses une préexistence mathématique de l'avenir dans le présent. D'ailleurs chacune de ces hypothèses, prise à part, sauvegarde la liberté humaine ; car la première aboutirait à mettre la contingence jusque dans les phénomènes de la nature ; et la seconde, en attribuant la détermination nécessaire des phénomènes physiques à ce que les choses ne durent pas comme nous, nous invite précisément à faire du moi qui dure une force libre. C'est pourquoi toute conception claire de la causalité, et où l'on s'entend avec soi-même, conduit à l'idée de la liberté humaine comme à une conséquence naturelle. Malheureusement l'habitude s'est contractée de prendre le principe de causalité dans les deux sens à la fois, parce que l'un flatte davantage notre imagination, et que l'autre favorise le raisonnement mathématique. Tantôt on pense surtout à la succession régulière des phénomènes physiques et à cette espèce d'effort interne par lequel l'un devient l'autre ; tantôt on fixe son esprit sur la régularité absolue de ces phénomènes, et de l'idée de régularité on passe par degrés insensibles à celle de nécessité mathématique, qui exclut la durée entendue de la première manière. Et l'on ne voit pas d'inconvénient à tempérer ces deux images l'une par l'autre, et à faire prédominer l'une ou l'autre, selon qu'on se préoccupe plus ou moins des intérêts de la science. Mais appliquer le principe de causalité, sous cette forme équivoque, à la succession des faits de conscience, c'est se créer de gaieté de cœur, et sans raison plausible, d'inextricables difficultés. L'idée de force, qui exclut en réalité celle de détermination nécessaire, a contracté pour ainsi dire l'habitude de s'amalgamer à celle de nécessité, par suite même de l'usage qu'on fait du principe de causalité dans la nature. D'un côté, nous ne connaissons la force que par le témoignage de la conscience, et la conscience n'affirme pas, ne comprend même pas la détermination absolue des actes à venir : voilà donc tout ce que l'expérience nous apprend, et si nous nous en tenions à l'expérience, nous dirions que nous nous sentons libres, que nous percevons la force, à tort ou à raison, comme une libre spontanéité. Mais d'autre part, cette idée de force, transportée dans la nature, ayant cheminé côte à côte avec l'idée de nécessité, revient corrompue de ce voyage. Elle en revient imprégnée de l'idée de nécessité ; et à la lumière du rôle que nous lui avons fait jouer dans le monde extérieur, nous apercevons la force comme déterminant d'une manière nécessaire les effets qui en vont sortir. Ici encore, l'illusion de la conscience vient de ce qu'elle considère le moi, non pas directement, mais par une espèce de réfraction à travers les formes qu'elle a prêtées à la perception extérieure, et que celle-ci ne lui rend pas sans avoir en quelque sorte déteint sur elles. Il s'est opéré comme un compromis entre l'idée de force et celle de détermination nécessaire. La détermination toute mécanique de deux phénomènes extérieurs l'un par l'autre revêt maintenant à nos yeux la même forme que le rapport dynamique de notre force à l'acte qui en émane ; mais en revanche ce dernier rapport prend l'aspect d'une dérivation mathématique, l'action humaine sortant mécaniquement, et par suite nécessairement, de la force qui la produit. Que cette fusion de deux idées différentes, presque opposées, présente des avantages au sens commun, cela n'est pas douteux, puisqu'elle nous permet de nous représenter de la même manière, et de désigner par un même mot, d'un côté le rapport qui existe entre deux moments de notre propre existence, et de l'autre la relation qui lie entre eux les moments successifs du monde extérieur. Nous avons vu que si nos états de conscience les plus profonds excluent la multiplicité numérique, nous les décomposons néanmoins en parties extérieures les unes aux autres ; que si les éléments de la durée concrète se pénètrent, la durée s'exprimant en étendue présente des moments aussi distincts que les corps disséminés dans l'espace. Est-il étonnant qu'entre les moments de notre existence pour ainsi dire objectivée nous établissions un rapport analogue à la relation objective de causalité, et qu'un échange, comparable encore à un phénomène d'endosmose, s'opère entre l'idée dynamique d'effort libre et le concept mathématique de détermination nécessaire ?

Mais la dissociation de ces deux idées est un fait accompli dans les sciences de la nature. Le physicien pourra parler de forces, et même s'en représenter le mode d'action par analogie avec un effort interne, mais il ne fera jamais intervenir cette hypothèse dans une explication scientifique. Ceux mêmes qui, avec Faraday, remplacent les atomes étendus par des points dynamiques, traiteront les centres de force et les lignes de force mathématiquement, sans se soucier de la force elle-même, considérée comme activité ou effort. Il est donc entendu ici que le rapport de causalité externe est purement mathématique, et n'a aucune ressemblance avec le rapport de la force psychique à l'acte qui en émane.

Le moment est venu d'ajouter : le rapport de causalité interne est purement dynamique, et n'a aucune analogie avec le rapport de deux phénomènes extérieurs qui se conditionnent. Car ceux-ci, étant susceptibles de se reproduire dans un espace homogène, entreront dans la composition d'une loi, au lieu que les faits psychiques profonds se présentent à la conscience une fois, et ne reparaîtront jamais plus. Une analyse attentive du phénomène psychologique nous a amenés d'abord à cette conclusion : l'étude des notions de causalité et de durée, envisagées en elles-mêmes, n'a fait que la confirmer.

Nous pouvons maintenant formuler notre conception de la liberté.

On appelle liberté le rapport du moi concret à l'acte qu'il accomplit. Ce rapport est indéfinissable, précisément parce que nous sommes libres. On analyse, en effet, une chose, mais non pas un progrès ; on décompose de l'étendue, mais non pas de la durée. Ou bien, si l'on s'obstine à analyser quand même, on transforme inconsciemment le progrès en chose, et la durée en étendue. Par cela seul qu'on prétend décomposer le temps concret, on en déroule les moments dans l'espace homogène ; à la place du fait s'accomplissant on met le fait accompli, et comme on a commencé par figer en quelque sorte l'activité du moi, on voit la spontanéité se résoudre en inertie et la liberté en nécessité. — C'est pourquoi toute définition de la liberté donnera raison au déterminisme.

Définira-t-on en effet l'acte libre en disant de cet acte, une fois accompli, qu'il eût pu ne pas l'être ? Mais cette assertion — comme l'assertion contraire — implique l'idée d'une équivalence absolue entre la durée concrète et son symbole spatial : et dès que l'on admet cette équivalence, on aboutit, par le développement même de la formule qu'on vient d'énoncer, au plus inflexible déterminisme.

Définira-t-on l'acte libre, « celui qu'on ne saurait prévoir, même quand on en connaît à l'avance toutes les conditions » ? Mais concevoir toutes les conditions comme données, c'est, dans la durée concrète, se placer au moment même où l'acte s'accomplit. Ou bien alors on admet que la matière de la durée psychique peut se représenter symboliquement à l'avance, ce qui revient, avons-nous dit, à traiter le temps comme un milieu homogène, et à admettre sous une nouvelle forme l'équivalence absolue de la durée et de son symbole. En approfondissant cette seconde définition de la liberté, on aboutira donc encore au déterminisme.

Définira-t-on enfin l'acte libre en disant qu'il n'est pas nécessairement déterminé par sa cause ? Mais ou ces mots perdent toute espèce de signification, ou l'on entend par là que les mêmes causes internes ne provoqueront pas toujours les mêmes effets. On admet donc que les antécédents psychiques d'un acte libre sont susceptibles de se reproduire à nouveau, que la liberté se déploie dans une durée dont les moments se ressemblent, et que le temps est un milieu homogène, comme l'espace. Par là même on sera ramené à l'idée d'une équivalence entre la durée et son symbole spatial ; et en pressant la définition qu'on aura posée de la liberté, on en fera encore une fois sortir le déterminisme.

En résumé, toute demande d'éclaircissement, en ce qui concerne la liberté, revient sans qu'on s'en doute à la question suivante : « le temps peut-il se représenter adéquatement par de l'espace ? » — A quoi nous répondons : oui, s'il s'agit du temps écoulé ; non, si vous parlez du temps qui s'écoule. Or l'acte libre se produit dans le temps qui s'écoule, et non pas dans le temps écoulé. La liberté est donc un fait, et, parmi les faits que l'on constate, il n'en est pas de plus clair. Toutes les difficultés du problème, et le problème lui-même, naissent de ce qu'on veut trouver à la durée les mêmes attributs qu'à l'étendue, interpréter une succession par une simultanéité, et rendre l'idée de liberté dans une langue où elle est évidemment intraduisible.

Conclusion

Pour résumer ce qui précède, nous laisserons d'abord de côté la terminologie et même la doctrine de Kant, sur lesquelles nous reviendrons plus loin, et nous nous placerons au point de vue du sens commun. Nous dirons que la psychologie actuelle nous a paru surtout préoccupée d'établir que nous apercevons les choses à travers certaines formes, empruntées à notre constitution propre. Cette tendance s'est de plus en plus accentuée depuis Kant: tandis que le philosophe allemand séparait nettement le temps de l'espace, l'extensif de l'intensif, et, comme nous dirions aujourd'hui, la conscience de la perception extérieure, l'école empiristique, poussant l'analyse plus loin, essaie de reconstituer l'extensif avec l'intensif, l'espace avec la durée, et l'extériorité avec des états internes. — La physique vient d'ailleurs compléter l'œuvre de la psychologie sur ce point : elle montre que si l'on veut prévoir les phénomènes, on doit faire table rase de l'impression qu'ils produisent sur la conscience et traiter les sensations comme des signes de la réalité non comme la réalité même.

Il nous a semblé qu'il y avait lieu de se poser le problème inverse, et de se demander si les états les plus apparents du moi lui-même, que nous croyons saisir directement, ne seraient pas, la plupart du temps, aperçus à travers certaines formes empruntées au monde extérieur, lequel nous rendrait ainsi ce que nous lui avons prêté. A priori, il paraît assez vraisemblable que les choses se passent ainsi. Car à supposer que les formes dont on parle, et auxquelles nous adaptons la matière, viennent entièrement de l'esprit, il semble difficile d'en faire une application constante aux objets sans que ceux-ci déteignent bientôt sur elles : en utilisant alors ces formes pour la connaissance de notre propre personne, nous risquons de prendre pour la coloration même du moi un reflet du cadre où nous le plaçons, c'est-à-dire, en définitive, du monde extérieur. Mais on peut aller plus loin, et affirmer que des formes applicables aux choses ne sauraient être tout à fait notre œuvre ; qu'elles doivent résulter d'un compromis entre la matière et l'esprit ; que si nous donnons à cette matière beaucoup, nous en recevons sans doute quelque chose ; et qu'ainsi, lorsque nous essayons de nous ressaisir nous-mêmes après une excursion dans le monde extérieur, nous n'avons plus les mains libres.

Or, de même que pour déterminer les rapports véritables des phénomènes physiques entre eux nous faisons abstraction de ce qui, dans notre manière de percevoir et de penser, leur répugne manifestement, ainsi, pour contempler le moi dans sa pureté originelle, la psychologie devrait éliminer ou corriger certaines formes qui portent la marque visible du monde extérieur. — Quelles sont ces formes ? Isolés les uns des autres, et considérés comme autant d'unités distinctes, les états psychologiques paraissent plus ou moins intenses. Envisagés ensuite dans leur multiplicité, ils se déroulent dans le temps, ils constituent la durée. Enfin, dans leurs rapports entre eux, et en tant qu'une certaine unité se conserve à travers leur multiplicité, ils paraissent se déterminer les uns les autres. — Intensité, durée, détermination volontaire, voilà les trois idées qu'il s'agissait d'épurer, en les débarrassant de tout ce qu'elles doivent à l'intrusion du monde sensible et, pour tout dire, à l'obsession de l'idée d'espace.

Considérant d'abord la première de ces idées, nous avons trouvé que les faits psychiques étaient en eux-mêmes qualité pure ou multiplicité qualitative, et que, d'autre part, leur cause située dans l'espace était quantité. En tant que cette qualité devient le signe de cette quantité, et que nous soupçonnons celle-ci derrière celle-là, nous l'appelons intensité. L'intensité d'un état simple n'est donc pas la quantité, mais son signe qualitatif. Vous en trouverez l'origine dans un compromis entre la qualité pure, qui est le fait de la conscience, et la pure quantité, qui est nécessairement espace. Or, ce compromis, vous y renoncez sans le moindre scrupule quand vous étudiez les choses extérieures, puisque vous laissez alors de côté les forces elles-mêmes, à supposer qu'elles existent, pour n'en considérer que les effets mesurables et étendus. Pourquoi conserveriez-vous ce concept bâtard quand vous analysez le fait de conscience à son tour ? Si la grandeur, en dehors de vous, n'est jamais intensive, l'intensité, au dedans de vous, n'est jamais grandeur. C'est pour ne pas l'avoir compris que les philosophes ont dû distinguer deux espèces de quantité, l'une extensive, l'autre intensive, sans jamais réussir à expliquer ce qu'elles avaient de commun entre elles, ni comment on pouvait employer, pour des choses aussi dissemblables, les mêmes mots « croître » et « diminuer ». Par là même ils sont responsables des exagérations de la psychophysique ; car dès que l'on reconnaît à la sensation autrement que par métaphore, la faculté de grandir, on nous invite à chercher de combien elle grandit. Et de ce que la conscience ne mesure pas la quantité intensive, il ne suit pas que la science n'y puisse indirectement parvenir, si c'est une grandeur. Ou bien donc il y a une formule psychophysique possible, ou l'intensité d'un état psychique simple est qualité pure.

Passant ensuite au concept de la multiplicité, nous avons vu que la construction d'un nombre exigeait d'abord l'intuition d'un milieu homogène, l'espace, où pussent s'aligner des termes distincts les uns des autres, et en second lieu un processus de pénétration et d'organisation, par lequel ces unités s'ajoutent dynamiquement et forment ce que nous avons appelé une multiplicité qualitative. C'est grâce à ce développement organique que les unités s'ajoutent, mais c'est à cause de leur présence dans l'espace qu'elles demeurent distinctes. Le nombre, ou multiplicité distincte, résulte donc, lui aussi, d'un compromis. Or, quand nous considérons les objets matériels en eux-mêmes, nous renonçons à ce compromis, puisque nous les tenons pour impénétrables et divisibles, c'est-à-dire pour indéfiniment distincts les uns des autres. Il faudra donc y renoncer aussi quand nous nous étudierons nous-mêmes. C'est pour ne l'avoir pas fait que les associationnistes sont tombés dans des erreurs parfois grossières, essayant de reconstituer un état psychique par l'addition entre eux de faits de conscience distincts, et substituant le symbole du moi au moi lui-même.

Ces considérations préliminaires nous ont permis d'aborder l'objet principal de ce travail, l'analyse des idées de durée et de détermination volontaire.

Qu'est-ce que la durée au-dedans de nous ? Une multiplicité qualitative, sans ressemblance avec le nombre ; un développement organique qui n'est pourtant pas une quantité croissante ; une hétérogénéité pure an sein de laquelle il n'y a pas de qualités distinctes. Bref, les moments de la durée interne ne sont pas extérieurs les uns aux autres.

Qu'existe-t-il, de la durée, en dehors de nous ? Le présent seulement, ou, si l'on aime mieux, la simultanéité. Sans doute les choses extérieures changent, mais leurs moments ne se succèdent que pour une conscience qui se les remémore. Nous observons en dehors de nous, à un moment donné, un ensemble de positions simultanées : des simultanéités antérieures il ne reste rien. Mettre la durée dans l'espace, c'est, par une contradiction véritable, placer la succession an sein même de la simultanéité. Il ne faut donc pas dire que les choses extérieures durent, mais plutôt qu'il y a en elles quelque inexprimable raison en vertu de laquelle nous ne saurions les considérer à des moments successifs de notre durée sans constater qu'elles ont changé. D'ailleurs ce changement n'implique pas succession, à moins qu'on ne prenne le mot dans une acception nouvelle ; sur ce point, nous avons constaté l'accord de la science et du sens commun.

Ainsi, dans la conscience, nous trouvons des états qui se succèdent sans se distinguer ; et, dans l'espace, des simultanéités qui, sans se succéder, se distinguent, en ce sens que l'une n'est plus quand l'autre paraît. En dehors de nous, extériorité réciproque sans succession au dedans, succession sans extériorité réciproque.

Ici encore un compromis intervient. Ces simultanéités qui constituent le monde extérieur, et qui, bien que distinctes les unes des autres, se succèdent pour nous seulement, nous leur accordons de se succéder en elles-mêmes. De là l'idée de faire durer les choses comme nous durons, et de mettre le temps dans l'espace. Mais si notre conscience introduit ainsi la succession dans les choses extérieures, inversement ces choses elles-mêmes extériorisent les uns par rapport aux autres les moments successifs de notre durée interne. Les simultanéités de phénomènes physiques absolument distinctes en ce sens que l'une a cessé d'être quand l'autre se produit, découpent en parcelles, distinctes aussi, extérieures les unes aux autres, une vie interne où succession impliquerait pénétration mutuelle : tel, le balancier de l'horloge morcelle en fragments distincts et déploie pour ainsi dire en longueur la tension dynamique et indivisée du ressort. Ainsi se forme, par un véritable phénomène d'endosmose, l'idée mixte d'un temps mesurable, qui est espace en tant qu'homogénéité et durée en tant que succession, c'est-à-dire, au fond, l'idée contradictoire de la succession dans la simultanéité.

Ces deux éléments, étendue et durée, la science les dissocie quand elle entreprend l'étude approfondie des choses extérieures. Nous croyons avoir prouvé qu'elle ne retient de la durée que la simultanéité, et du mouvement lui-même que la position du mobile, c'est-à-dire l'immobilité. La dissociation s'opère ici très nettement, et au profit de l'espace.

Il faudra donc l'opérer encore, mais au profit de la durée, quand on étudiera les phénomènes internes ; non pas les phénomènes internes à l'état achevé, sans doute, ni après que l'intelligence discursive, pour s'en rendre compte, les a séparés et déroulés dans un milieu homogène, mais les phénomènes internes en voie de formation, et en tant que constituant, par leur pénétration mutuelle, le développement continu d'une personne libre. La durée, ainsi rendue à sa pureté originelle, apparaîtra comme une multiplicité toute qualitative, une hétérogénéité absolue d'éléments qui viennent se fondre les uns dans les autres.

Or, c'est pour avoir négligé d'opérer cette dissociation nécessaire que les uns ont été conduits à nier la liberté, les autres à la définir, et par là même, involontairement à la nier encore. On se demande en effet si l'acte pouvait ou ne pouvait pas être prévu, étant donné l'ensemble de ses conditions ; et soit qu'on l'affirme, soit qu'on le nie, on admet que cet ensemble de conditions pouvait se concevoir comme donné à l'avance : ce qui revient, ainsi que nous l'avons montré, à traiter la durée comme une chose homogène et les intensités comme des grandeurs. Ou bien encore on dira que l'acte est déterminé par ses conditions, sans s'apercevoir que l'on joue sur le double sens du mot causalité, et qu'on prête ainsi à la durée, tout à la fois, deux formes qui s'excluent. Ou bien enfin on invoquera le principe de la conservation de l'énergie, sans se demander si ce principe est également applicable aux moments du monde extérieur, qui s'équivalent, et aux moments d'un être à la fois vivant et conscient, qui se grossissent les uns aux autres. De quelque manière, en un mot, qu'on envisage la liberté, on ne la nie qu'à la condition d'identifier le temps avec l'espace ; on ne la définit qu'à la condition de demander à l'espace la représentation adéquate du temps ; on ne discute sur elle, dans un sens ou dans l'autre, qu'à la condition de confondre préalablement succession et simultanéité. Tout déterminisme sera donc réfuté par l'expérience, mais toute définition de la liberté donnera raison au déterminisme.

Recherchant alors pourquoi cette dissociation de la durée et de l'étendue, que la science opère si naturellement dans le monde extérieur, demande un tel effort et excite une telle répugnance quand il s'agit des états internes, nous n'avons pas tardé, à en apercevoir la raison. La science a pour principal objet de prévoir et de mesurer : or on ne prévoit les phénomènes physiques qu'à la condition de supposer qu'ils ne durent pas comme nous, et on ne mesure que de l'espace. La rupture s'est donc effectuée ici d'elle-même entre la qualité et la quantité, , entre la vraie durée et la pure étendue. Mais quand il s'agit de nos états de conscience, nous avons tout intérêt à entretenir l'illusion par laquelle nous les faisons participer à l'extériorité réciproque des choses extérieures, parce que cette distinction, et en même temps cette solidification, nous permettent de leur donner des noms stables, malgré leur instabilité, et distincts, malgré leur pénétration mutuelle. Elles nous permettent de les objectiver, de les faire entrer, en quelque sorte, dans le courant de la vie sociale.

Il y aurait donc enfin deux moi différents, dont l'un serait comme la projection extérieure de l'autre, sa représentation spatiale et pour ainsi dire sociale. Nous atteignons le premier par une réflexion approfondie, qui nous fait saisir nos états internes comme des êtres vivants, sans cesse en voie de formation, comme des états réfractaires à la mesure, qui se pénètrent les uns les autres, et dont la succession dans la durée n'a rien de commun avec une juxtaposition dans l'espace homogène. Mais les moments où nous nous ressaisissons ainsi nous-mêmes sont rares, et c'est pourquoi nous sommes rarement libres. La plupart du temps, nous vivons extérieurement à nous-mêmes, nous n'apercevons de notre moi que son fantôme décoloré, ombre que la pure durée projette dans l'espace homogène. Notre existence se déroule donc dans l'espace plutôt que dans le temps : nous vivons pour le monde extérieur plutôt que pour nous ; nous parlons plutôt que nous ne pensons ; nous « sommes agis » plutôt que nous n'agissons nous-mêmes. Agir librement, c'est reprendre possession de soi, c'est se replacer dans la pure durée.

apercevant des objets, ne les distinguent pas aussi nettement, ni les uns des autres, ni d'elles-mêmes. Cette intuition d'un milieu homogène, intuition propre à l'homme, nous permet d'extérioriser nos concepts les uns par rapport aux autres, nous révèle l'objectivité des choses, et ainsi, par sa double opération, d'un côté en favorisant le langage, et d'autre part en nous présentant un monde extérieur bien distinct de nous dans la perception duquel toutes les intelligences communient, annonce et prépare la vie sociale.

En présence de cet espace homogène nous avons placé le moi tel qu'une conscience attentive l'aperçoit, un moi vivant, dont les états à la fois indistincts et instables ne sauraient se dissocier sans changer de nature, ni se fixer ou s'exprimer sans tomber dans le domaine commun. La tentation ne devait-elle pas être grande, pour ce moi qui distingue si nettement les objets extérieurs et les représente si facilement par des symboles, d'introduire au sein de sa propre existence la même discrimination, et de substituer, à la pénétration intime de ses états psychiques, à leur multiplicité toute qualitative, une pluralité numérique de termes qui se distinguent, se juxtaposent, et s'expriment par des mots ? Au lieu d'une durée hétérogène dont les moments se pénètrent, nous aurons alors un temps homogène dont les moments s'alignent dans l'espace. Au lieu d'une vie intérieure dont les phases successives, chacune unique en son genre, sont incommensurables avec le langage, nous obtiendrons un moi recomposable artificiellement, et des états psychiques simples qui s'agrègent et se désagrègent comme font, pour former des mots, les lettres de l'alphabet. Et ce ne sera pas là seulement un mode de représentation symbolique, car l'intuition immédiate et la pensée discursive ne font qu'un dans la réalité concrète, et le même mécanisme par lequel nous nous expliquions d'abord notre conduite finira par la gouverner. Nos états psychiques, en se détachant alors les uns des autres, se solidifieront ; entre nos idées ainsi cristallisées et nos mouvements extérieurs des associations stables se formeront ; et peu à peu, notre conscience imitant le processus par lequel la matière nerveuse obtient des actions réflexes, l'automatisme recouvrira la liberté[40]. C'est à ce moment précis que surviennent les associationnistes et les déterministes d'un côté, les

---

[40] M. Renouvier a déjà parlé de ces actes volontaires comparables à des mouvements réflexes, et il a restreint la liberté aux moments de crise. Mais il ne paraît pas avoir remarqué que le processus de notre activité libre se continue en quelque sorte à notre insu, à tous les moments de la durée, dans les profondeurs obscures de la conscience, que le sentiment même de la durée vient de là, et que sans cette durée hétérogène et indistincte, où notre moi évolue, il n'y aurait pas de crise morale. L'étude, même approfondie, d'une action libre donnée ne tranchera donc pas le problème de la liberté. C'est la série tout entière de nos états de conscience hétérogènes qu'il faut considérer. En d'autres termes, c'est dans une analyse attentive de l'idée de durée qu'on aurait dû chercher la clef du problème.

Kantiens de l'autre. Comme ils n'envisagent de notre vie consciente que son aspect le plus commun, ils aperçoivent des états bien tranchés, capables de se reproduire dans le temps à la manière des phénomènes physiques, et auxquels la loi de détermination causale s'applique, si l'on veut, dans le même sens qu'aux phénomènes de la nature. Comme, d'autre part, le milieu où se juxtaposent ces états psychiques présente des parties extérieures les unes aux autres, où les mêmes faits semblent susceptibles de se reproduire à nouveau, ils n'hésitent pas à faire du temps un milieu homogène, et à le traiter comme de l'espace. Dès lors toute différence est abolie entre la durée et l'étendue, entre la succession et la simultanéité ; il ne reste plus qu'à proscrire la liberté, ou, si on la respecte par scrupule moral, à la reconduire avec beaucoup d'égards dans le domaine intemporel des choses en soi, dont notre conscience ne dépasse pas le seuil mystérieux. Mais il y aurait, selon nous, un troisième parti à prendre : ce serait de nous reporter par la pensée à ces moments de notre existence où nous avons opté pour quelque décision grave, moments uniques dans leur genre, et qui ne se reproduiront pas plus que ne reviennent, pour un peuple, les phases disparues de son histoire. Nous verrions que si ces états passés ne peuvent s'exprimer adéquatement par des paroles ni se reconstituer artificiellement par une juxtaposition d'états plus simples, c'est parce qu'ils représentent, dans leur unité dynamique et dans leur multiplicité, toute qualitative, des phases de notre durée réelle et concrète, de la durée hétérogène, de la durée vivante. Nous verrions que, si notre action nous a paru libre, c'est parce que le rapport de cette action à l'état d'où elle sortait ne saurait s'exprimer par une loi, cet état psychique étant unique en son genre, et ne devant plus se reproduire jamais. Nous verrions enfin que l'idée même de détermination nécessaire perd ici toute espèce de signification, qu'il ne saurait être question ni de prévoir l'acte avant qu'il s'accomplisse, ni de raisonner sur la possibilité de l'action contraire une fois qu'il est accompli, car se donner toutes les conditions, c'est, dans la durée concrète, se placer au moment même de l'acte et non plus le prévoir. Mais nous comprendrions aussi par l'effet de quelle illusion les uns se croient obligés de nier la liberté, les autres de la définir. C'est que l'on passe par degrés insensibles de la durée concrète, dont les éléments se pénètrent, à la durée symbolique dont les moments se juxtaposent, et de l'activité libre, par conséquent, à l'automatisme conscient. C'est que, si nous sommes libres toutes les fois que nous voulons rentrer en nous-mêmes, il nous arrive rarement de le vouloir. C'est enfin que, même dans les cas où l'action est librement accomplie, on ne saurait raisonner sur elle sans en déployer les conditions extérieurement les unes aux autres, dans l'espace et non plus dans la pure durée. Le problème de la liberté est donc né d'un malentendu : il a été pour les modernes ce que furent, pour les anciens, les sophismes de l'école d'Élée, et comme ces sophismes eux-mêmes, il a son origine dans l'illusion par laquelle on confond succession et simultanéité, durée et étendue, qualité et quantité.

FIN

UltraLetters

dans cette collection

Henri Bergson a également rédigé les œuvres suivantes :
1. Essai sur les données immédiates de la conscience, 1889
2. Matière et Mémoire, 1896
3. Le Rire. Essai sur la signification du comique, 1899
4. L'Évolution créatrice, 1907
5. L'Énergie spirituelle, 1919
6. Durée et simultanéité, 1922
7. Les Deux Sources de la morale et de la religion, 1932
8. La Pensée et le mouvant, 1934

Notes

www.ingramcontent.com/pod-product-compliance
Lightning Source LLC
Chambersburg PA
CBHW071516040426
42444CB00008B/1675